IMMANUEL KANT
ZUM EWIGEN FRIEDEN

EIN PHILOSOPHISCHER
ENTWURF
AUS DEM JAHRE
1795

REPRINT
IM VERLAG DER NATION
BERLIN

Die Erstausgabe von 1795 stellte freundlicherweise
die Deutsche Staatsbibliothek Berlin zur Verfügung
Mit einer Einführung von
FRED DUMKE

ISBN 3-373-00166-8

2. Auflage 1987
Verlag der Nation Berlin
© für diese Ausgabe Verlag der Nation 1985
Lizenz-Nr. 400/85/87
LSV 0266
Lektor: Bruno Brandl
Technischer Redakteur: Hanne-Lore Martens
Gesamtgestaltung: Hans-Joachim Schauß
Für den Einband wurde eine Miniatur Immanuel Kants
von Claude Joseph Vernet verwendet
Lichtsatz und Reproduktion: (52) Nationales Druckhaus
(Betrieb der VOB National)
Druck und buchbinderische Verarbeitung:
Buchkunst Leipzig (Betrieb der VOB National)
Best.-Nr. 696 811 3
01660

EINFÜHRUNG

*«Nun spricht die moralisch-praktische Vernunft in uns
ihr unwiderrufliches Veto aus:
Es soll kein Krieg sein...»
Immanuel Kant, Metaphysik der Sitten*

Die Vision von einer Welt des Friedens und der friedlichen Arbeit ist jahrtausendealt. Zum höchsten humanistischen Ideal, zu dem eines fest gegründeten, eines dauerhaften, ja «ewigen Friedens» auf dieser unserer Erde, haben im weltgeschichtlichen Entwicklungsgang große Denker und Dichter aller progressiven Klassen und Schichten ihre Ideen oder gar Entwürfe in die Philosophie und in die Historie, in das Recht und in die Moral, in die Kunst und in die Religion eingebracht. In diesem großen humanistischen Potential des Friedensdenkens, des Friedenskampfes und des Friedens nimmt Immanuel Kants 1795 erschienener philosophischer Entwurf «Zum ewigen Frieden» einen sehr bedeutungsvollen Platz ein. Dieses wohl zukunftsträchtigste und zugleich eine Art politisches Testament bildende Werk des Vollenders der Aufklärung und Stammvaters der deutschen klassischen bürgerlichen

Philosophie gehört zu den «großen Denkmälern der menschlichen Kultur».[1] Karl Marx bezeichnete die Philosophie Kants als «die deutsche Theorie der französischen Revolution».[2] Damit ist der historische Ort und die historische Dimension des philosophischen Lebenswerkes eines der bedeutendsten und einflußreichsten europäischen Denker charakterisiert.

Die Problemsituation und der Horizont Kants ist der epochale Übergang vom Feudalismus zum Kapitalismus, ist die Herausbildung, Etablierung und Entwicklung der bürgerlichen Gesellschaft. So wie es sein subjektives Anliegen war, in der Philosophie «eine Revolution der Denkart»[3] zu vollbringen, so lag der objektive Sinn seiner Philosophie darin, «die Denkart der Revolution», der klassischen politischen Revolution der Bourgeoisie, der Großen Französischen Revolution von 1789–1795, zum Ausdruck zu bringen. Selbstverständlich hatten auch die damaligen sehr kritikwürdigen deutschen Verhältnisse sein philosophisches System mitgeprägt.[4]

Wesentliche Aspekte gerade in Kants Friedenskonzeption, insbesondere seine schlüssige Begründung der Notwendigkeit des Friedens, weisen aber schon weit über das bürgerliche Zeitalter und den bürgerlichen Zeitgeist hinaus.

Seit der Großen Sozialistischen Oktoberrevolution gestaltet die herrschende Arbeiterklasse gemeinsam mit ihren Bündnispartnern unter der Führung ihrer revolutionären Partei in einer Reihe von Staaten auf vier Kontinenten die sozialistische Gesellschaft, die wesenseins ist mit dem Frieden und in Wort und Tat dem humanistischen Friedensideal zutiefst verpflichtet ist.

I

Immanuel Kant wurde am 22. April 1724 in Königsberg geboren. Er war das vierte von elf Kindern des Sattlers (Riemenmeisters) Johann Georg Kant (1683–1746) und dessen Frau Anna Regina geb. Reuter (1697–1737). Obgleich der Vater sehr fleißig und rechtschaffen war, hatte er es dennoch nicht zu Wohlstand gebracht. Arbeit und Ehrlichkeit forderte der Vater. Die Mutter aber, die offenbar einen größeren Einfluß auf den Sohn besaß, hat als erste dessen geistige Begabung und Fähigkeiten erkannt und sie der Ausbildung anempfohlen.

Franz Albert Schultz, Konsistorialrat und Theologieprofessor, unterstützte diese klugen und fürsorglichen Bemühungen der Mutter und schickte den begabten Jungen auf die Lateinschule, das Collegium Fridericianum, das Kant von 1732 bis 1740 besuchte. Sowohl im Elternhaus als auch auf der Schule wuchs er in einer Atmosphäre strengsten Pietismus auf. Fleißig und von starkem Willen, bescheiden, schüchtern, aber nicht furchtsam war der wißbegierige Schüler. Der Latein-

unterricht sprach ihn besonders an, vor allem aber
träumte er von einem Leben und Wirken im Dienste
der Wissenschaft und ihrem humanistischen Ethos.
Kants Erziehung war im wesentlichen provinziell, so
ganz im Widerstreit zur weltoffenen Atmosphäre seiner
Vaterstadt.

Königsberg konnte um die Mitte des 18. Jahrhunderts mit seinen etwa 50 000 Einwohnern nur mit
Leipzig oder mit Hamburg, Frankfurt und Dresden
verglichen werden. Die Stadt hatte eine für preußische
Verhältnisse beachtliche Industrie und einen ausgedehnten Seehandel. Davon zeugten die Niederlassungen von bedeutenden englischen, holländischen und
französischen Handelshäusern. In der Industrie-,
Handwerks-, Handels- und Universitätsstadt Königsberg waren Bürgertum und progressives bürgerliches
Bewußtsein zu einiger Bedeutung gelangt. In einer Anmerkung zur Vorrede seiner «Anthropologie in pragmatischer Hinsicht» würdigte Kant Königsberg und seine
geistige Atmosphäre als einen «schicklichen Platz zur
Erweiterung sowohl der Menschenkenntnis als auch
der Weltkenntnis».[5]

Kant bezog im September 1740 die Universität seiner Heimatstadt, die seit 1544 existierte. Damit wurden
ihm viele Schätze der Wissenschaft seiner Zeit zugänglich. Er studierte Naturwissenschaft, Mathematik und
Philosophie. Für die Entwicklung des jungen Kant
wurde der Einfluß von Martin Knutzen (1713–1751),

Professor für Philosophie und Mathematik, grundlegend. Dieser Gelehrte repräsentierte den damaligen neuesten Stand der Wissenschaften. Er bot Kant eine neue geistige Atmosphäre.

Nach dem Studium mußte sich der mittellose Kant nahezu neun Jahre lang sein Brot als Hauslehrer verdienen. In dieser Zeit setzte er seine intensiven Studien fort.

Am 12. Juni 1755 hatte Kant mit seiner Schrift «De igne» (Über das Feuer), in der er sich mit Problemen der Wärmelehre befaßte, den Magisterrang erlangt. Im September des gleichen Jahres habilitierte er sich mit der Schrift «Principiorum primorum cognitionis metaphysicae nova dilucidatio» (Neue Erhellung der ersten Grundsätze metaphysischer Erkenntnis). Im gleichen Jahr wird er als Privatdozent zugelassen. Sein bedeutendstes wissenschaftliches Forschungsergebnis dieser Jahre ist die 1755 erschienene «Allgemeine Naturgeschichte und Theorie des Himmels...», deren Wirkung bis in unser Jahrhundert reicht. Kant entwickelte darin die geniale Hypothese vom systematischen Aufbau des Fixsternhimmels und dem Entstehen der Sonnensysteme und des Milchstraßensystems aus rotierenden, sich verdichtenden Urnebeln. Der von ihm verfochtene Entwicklungsgedanke war «der Springpunkt allen ferneren Fortschritts» (Friedrich Engels), war Beginn der Wiedergeburt dialektischer Denkweise durch die klassische deutsche bürgerliche Philosophie. So wurden die Konturen des Werdens eines Großen des Philosophierens, das den Rang und die Autorität der Wissenschaft erlangte, weit über die Universitätsstadt deutlich.

Es bedurfte aber noch fünfzehn Jahre harter, intensivster wissenschaftlicher Arbeit, ehe am 21. August 1770 das erstrebte und so sehr ersehnte wissenschaftliche Ziel erreicht wurde: die Professur. Kant wird ordentlicher Professor für Logik und Metaphysik der alten Universität zu Königsberg, die mit ihm ihren höchsten Ruf erringen sollte.

1772 gab Kant seine 1766 aus finanziellen Gründen angenommene Stelle eines Subbibliothekars an der Königsberger Schloßbibliothek auf. 1780 wurde er Mitglied des akademischen Senats und 1786 zum ersten Male Rektor der Universität seiner Geburtsstadt. Nun war er zum ersten Philosophen des damaligen Deutschland geworden.

Über Kants Persönlichkeit als Universitätslehrer schrieb einer seiner eifrigsten Hörer, Johann Gottfried Herder, der von 1762 bis 1764 in Königsberg studierte: «Mit dankbarer Freude erinnere ich mich aus meinen Jugendjahren der Bekanntschaft und des Unterrichts eines Philosophen, der mir ein wahrer Lehrer der Humanität war. Damals, in seinen blühendsten Jahren, hatte er die fröhliche Munterkeit eines Jünglings, die, wie ich glaube, ihn in sein greisestes Alter begleiten wird. Seine offene, zum Denken gebauete Stirn war der Sitz der Heiterkeit, und die gedankenreichste, angenehmste Rede floß von seinem gesprächigen Munde. Scherz, Witz und Laune standen ihm zu Gebot, immer aber zu rechter Zeit und also, daß, wenn jedermann lachte, er dabei ernst blieb. Sein öffentlicher Vortrag war wie ein unterhaltender Umgang; er sprach über seinen Autor, dachte aus sich selbst, oft über ihn hinaus... Seine Philosophie weckte das eigne Denken auf, und ich kann mir beinah nichts Erleseneres und Wirksameres hierzu vorstellen, als sein Vortrag war... Naturgeschichte und Naturlehre, Menschen- und Völkergeschichte, Mathematik und Erfahrung waren seine Lieblingsquellen des menschlichen Wissens, aus denen er schöpfte, aus denen er alles belebte. Auf sie wies er zurück; seine Seele lebte in der Gesellschaft...»[6]

Die Jahre nach 1770 sind für Kant die schöpferische Zeit der systematischen Ausarbeitung und der schnell wachsenden Verbreitung seiner Philosophie, der sogenannten kritischen Philosophie, der Transzendentalphilosophie. Sie muß nach ihrem Schöpfer Menschenkenntnis mit der spezifischen Aufgabe sein, Leistungsvermögen und Grenzen der menschlichen Vernunft in praktischer und theoretischer Hinsicht zu bestimmen. Die wissenschaftliche Philosophie habe es mit dem Menschen als einem «Weltbürger» (nicht nur Weltbeschauer) zu tun, der seine Vernunft als eine Gattungsvernunft entsprechend «den letzten Zwecken» der

Menschheitsentwicklung gebrauchen soll,[7] lies: der sich mitverantwortlich, ja in die Pflicht genommen weiß für Existenz und historischen Fortschritt der Menschheit in ihrem schweren, von Rückschlägen nicht freien, vor allem aber von Antagonismen bewegten, gesetzmäßigen Fortschreiten zum Besseren. So besteht Kants Philosophie aus zwei Teilen: der theoretischen und der praktischen Philosophie. Die letztere ist für Kant das eigentliche Gebiet der Vernunft; sie hat das Primat. In der theoretischen Philosophie entwickelt Kant in erster Linie seine Erkenntnistheorie, und zwar in der Hauptsache in der «Kritik der reinen Vernunft» (1781). In der praktischen Philosophie erarbeitet er seine Ethik, Ästhetik, Geschichts-, Staats-, Rechts- und Religionsphilosophie. Von diesen Werken seien hier vor allem genannt: «Idee zu einer allgemeinen Geschichte in weltbürgerlicher Absicht» (1784), «Kritik der praktischen Vernunft» (1788), «Kritik der Urteilskraft» (1790), «Religion innerhalb der Grenzen der bloßen Vernunft» (1793), «Zum ewigen Frieden» (1795), «Metaphysik der Sitten» (1797), «Der Streit der Fakultäten» (1798), «Anthropologie in pragmatischer Hinsicht» (1799).

Im Jahre 1796 stellte Kant seine Vorlesungen ein. In seinen letzten Lebensjahren arbeitete er an einem Werk, das als Opus postumum, als Nachlaßwerk, später veröffentlicht wurde.

Am 12. Februar 1804 starb Immanuel Kant. Unter großer Anteilnahme der Königsberger Bevölkerung, der

Lehrer und Studenten der Universität wurde der große Philosoph am 28. Februar 1804 zu Grabe getragen.

Königsberg wurde im Verlauf des vom faschistischen deutschen Imperialismus entfesselten zweiten Weltkrieges zu neunzig Prozent zerstört. Kants Grabmal, das unter dem Denkmalschutz der Stadt Kaliningrad steht, wird von der Bevölkerung sorgfältig gepflegt. Vor allem aber haben Philosophen der Sowjetunion große Verdienste um die wissenschaftliche Rezeption des gesamten humanistischen Erbes Immanuel Kants, dessen Philosophie zu einer der theoretischen Quellen des wissenschaftlichen Sozialismus wurde.

II

Immanuel Kants Philosophie ist nur im historischen und geistesgeschichtlichen Kontext der Herausbildung und Entwicklung der klassischen bürgerlichen Philosophie von Bacon (1561—1626) und Descartes (1596—1650) bis zu Hegel (1770—1831) und Feuerbach (1804—1872) zu verstehen, in deren Zentrum der Begriff der Vernunft steht. Die Vernunft wird als das ursprüngliche kritische Vermögen des tätigen, die Welt immer mehr beherrschenden Menschen aufgefaßt, sich vom Überkommenen, von der unvernünftigen Feudalität und von der überlieferten Ideologie zu emanzipieren, um die gesellschaftliche Entwicklung im Sinne bürgerlicher Interessen und bürgerlichen Denkens neu zu gestalten.[8] «Unser Zeitalter ist das eigentliche Zeitalter der Kritik, der sich alles unterwerfen muß», schrieb Kant in der Vorrede zur ersten Ausgabe seiner «Kritik der reinen Vernunft».[9] Vor dem Gerichtshof der Vernunft sollte alles seine notwendige Existenz beweisen oder aber auf sein Dasein verzichten. Kant schreibt: «Man kann (die Vernunft) auch durch das Vermögen, nach Grundsätzen zu urteilen und (in praktischer Rücksicht) zu handeln, erklären.»[10] Die Macht der Vernunft sollte zur vernünftigen Macht in der Geschichte werden, eben zum «Reich der Vernunft». Mit der Entfaltung der menschlichen Vernunft und ihrer Herrschaft über alles Unvernünftige würden sich auch das Recht und der Staat entfalten, der diesem Recht unterworfen ist. Der Staat wird nach Kant das Instrument zur Durchsetzung des Rechts und der Vernunft, der republikanischen Vernunft, die der Idee des ewigen Friedens verpflichtet ist. (Das ist der alte klassische bürgerliche Begriff des Rechtsstaats.) Die «Vernunftidee einer friedlichen, wenngleich noch nicht freundschaftlichen, durchgängigen Gemeinschaft aller Völker auf Erden, die untereinander in wirksame Verhältnisse kommen können, ist nicht etwa philanthropisch (ethisch), sondern ein rechtliches Prinzip», heißt es in der «Metaphysik der Sitten».[11]

Die Kantsche Geschichtsauffassung enthält so ein großes progressives Moment: das gesellschaftliche Geschehen in allen Bereichen wird durch den der Aktivität, der Freiheit fähigen Menschen immer mehr der menschlichen Vernunft unterworfen; wie schwer und langwierig und wie widersprüchlich («Antagonism») der Entwicklungsgang der Weltgeschichte «nach dem verborgenen Plan der Natur» auch sein mag, aus der Geschichte muß alles Unvernünftige, und so auch der Krieg, weichen. Kants großer humanistischer Idee «vom ewigen Frieden» liegt die von ihm mit entschiedenem humanistischem Engagement verfochtene These vom «beständigen Fortschreiten des Menschengeschlechts zum Besseren»[12] zugrunde.

Entscheidende Anstöße zu seinem Denken gab die Französische Revolution, zu der er sich bis zu ihrem Ende und bis zu seinem Tod unumstößlich bekannte. Der große Denker und Humanist war der festen Überzeugung, daß es in der Geschichte ebenso gesetzmäßig zugeht wie in der Natur. Die These vom historischen Fortschritt der Menschheit galt dem Philosophen für Vergangenheit, Gegenwart und Zukunft. Aus alledem wird bei Kant die antifeudale, gesellschaftskritische Potenz und Tendenz des Vernunftbegriffes offensichtlich, der realiter die Interessen der progressiven Bourgeoisie widerspiegelt.

Kants Lehre vom «ewigen Frieden» ist die humanistische Hauptidee, der Kulminationspunkt seiner Geschichtsphilosophie. Diese Friedenskonzeption hat einen bedeutenden theoretischen, geschichtlichen und politischen Stellenwert im Gesamtwerk Kants als einem Höhepunkt des klassischen bürgerlichen Humanismus.[13]

Kant war bei weitem nicht der erste Denker seines Zeitalters, der sich mit den inneren und äußeren, mit den staats- und völkerrechtlichen Bedingungen und den erforderlichen politischen und rechtlichen Maßnahmen einer Friedensstiftung befaßte.[14] Es sei hier vor allem an Charles Irénée Castel Saint-Pierre (1658–1743), Gabriel Bennot de Mably (1709–1794), Jean Jacques Rousseau (1712–1778), der Kant auch in der Frage Krieg – Frieden tief beeindruckte, an Antoine Condorcet (1743–1794) und Jeremy Bentham (1748–1832) erinnert. Kants philosophischer Entwurf «Zum ewigen Frieden» aber ist den ihm vorausgegangenen Friedenskonzeptionen zumindest im damaligen Europa an gedanklicher Tiefe, an dialektischen Fragestellungen, an politischem Realismus und historischem Optimismus sowie an humanistischer Konsequenz und moralischem Engagement überlegen.

Für Kant war dies kein Randproblem seines Philosophierens und seiner Philosophie, sie war keine bloße Anwendung der theoretischen und der reinen praktischen Vernunft. Mit dieser Problematik beschäftigte sich Kant seit den fünfziger Jahren des 18. Jahrhunderts.[15] Kants Werk «Zum ewigen Frieden» ist zudem, wie H. J. Sandkühler zu Recht hervorhebt, «ein geschichtsphilosophisches Dokument in außerordentlicher Nähe zu Geschichte und Politik der Revolutionskriege am Ausgang des 18. Jahrhunderts».[16]

Als Kant seine Schrift «Zum ewigen Frieden» im Sommer 1795 erscheinen ließ, erregte er damit großes Aufsehen und erlangte eine selbst nicht erwartete starke Resonanz. Nahezu alle bedeutenden deutschen Zeitschriften und namhafte Autoren – unter ihnen Herder und Fichte – rezensierten die Arbeit. Sie initiierte eine lebhafte, oft von sehr konträren Ansichten geprägte Diskussion über die Möglichkeiten, Bedingungen und Perspektiven eines ewigen Friedens. Verfechter des Friedens bekundeten demonstrativ ihre Zustimmung und Begeisterung. Es war aber ebensowenig ein Zufall, daß die Kriegspartei, die Interventionspolitiker, alle Anwälte des Ancien régime mit ihrer Ideologie, in der der Krieg als «gottgewollt» und «schicksalhaft unvermeidlich» dargestellt wurde, schwer getroffen waren. «Von den im 18. Jahrhundert herrschenden Kreisen und ihren Ideologen wurden die Friedensideen kategorisch abgelehnt und erbittert bekämpft»,[17] schreibt Werner Bahner in seiner gedankenreichen Schrift über die Aufklärung in den romanischen Ländern.

Kants Traktat zum ewigen Frieden – abgefaßt in der Form eines Friedensvertrages, eingeteilt in sechs Präliminar- und drei Definitivartikel mit bedeutendem Anhang – steht in äußerem Zusammenhang mit dem am 5. April 1795 zwischen Frankreich und Preußen geschlossenen Frieden zu Basel. Preußen schied damals aus der konterrevolutionären Koalition europäischer Feudalmächte gegen das revolutionäre bürgerliche Frankreich aus. Dieser Sonderfrieden aber trug zugleich den Keim zu neuem Waffengang in sich und diente dem schändlichen Ziel Preußens, sich an der endgültigen Aufteilung Polens zu beteiligen.

Kants Schrift ist ein entschiedenes Bekenntnis zum Frieden auf Erden. Sie ist zugleich eine strikte Ablehnung und Zurückweisung der Interventionspolitik reaktionärer Mächte gegen den historischen Fortschritt, damals konkret gegen das republikanische Frankreich. So heißt es im ersten Präliminarartikel: «Es soll kein Friedensschluß für solchen gelten, der mit dem geheimen Vorbehalt des Stoffes zu einem künftigen Kriege gemacht worden.» Die Verhandlungen sollen nach Treu und Glauben geführt werden. Die Verhandelnden sollen sich aller Handlungen enthalten, die darauf gerichtet sind, den Partner zu hintergehen und das Ziel des Vertrages zunichte zu machen. Verträge sind nach Geist und Buchstaben einzuhalten («Pacta sunt servanda»). «Es soll kein für sich bestehender Staat (klein oder groß, das gilt hier gleichviel) von einem anderen Staate durch Erbung, Tausch, Kauf oder Schenkung erworben werden können» (Art. 2). Zudem forderte Kant, vor allem gegen Preußens inneren Militarismus als einer ständigen Kriegsgefahr gewandt: «Stehende Heere (miles perpetuus) sollen mit der Zeit ganz aufhören, denn sie bedrohen andre Staaten unaufhörlich mit

Krieg» und erzeugen eine keine Grenzen kennende Zurüstung (Art. 3). Im gleichen Artikel wird betont, daß es eine ganz andere Bewandtnis hat mit der freiwilligen Übung der Staatsbürger in Waffen, um sich und ihr Vaterland dadurch gegen Angriffe von außen zu sichern.

«Es sollen keine Staatsschulden in Beziehung auf äußere Staatshändel gemacht werden» (Art. 4). Kant ist ein entschiedener Verfechter des Selbstbestimmungsrechts und der Nichteinmischung in die inneren Angelegenheiten eines anderen souveränen Staates (Art. 5).

Im 6., dem letzten Präliminarartikel geht Kant gegen jene vor, die während eines Krieges darauf hinzielen, einen künftigen Frieden zu untergraben. «Es soll sich kein Staat im Kriege mit einem anderen Staat solche Feindseligkeiten erlauben, welche das wechselseitige Zutrauen im künftigen Frieden unmöglich machen müssen; als da sind, Anstellungen der Meuchelmörder (percussores), Giftmischer (venefici), Brechung der Kapitulation, Anstiftung des Verrats (perduellio) in dem bekriegten Staat usw.»[18]

In diesem Artikel wendet sich der Friedensdenker ganz entschieden gegen einen «Ausrottungskrieg, wo die Vertilgung beide Teile zugleich, und mit dieser auch alles Rechts treffen kann, den ewigen Frieden nur auf dem großen Kirchhofe der Menschengattung stattfinden lassen würde. Ein solcher Krieg also, mithin auch der Gebrauch der Mittel, die dahin führen, muß schlechterdings unerlaubt sein.»[19]

Waren Kant die schon in den Präliminarartikeln formulierten Verbotsgesetze von hohem Gewicht für die Ausschaltung des Krieges zwischen den Staaten, so sind die mit ihnen in untrennbaren Wesenszusammenhängen stehenden Definitivartikel – vor allem aber der erste – gewissermaßen das Kernstück seiner Friedenslehre und der von ihm angestrebten *Friedensstiftung*. Dabei bekräftigte Kant in seinem Traktat zwei für die damalige bürgerliche Emanzipationsbewegung typische Grundsätze. Zum ersten: Die innenpolitischen Verhältnisse prägen die Außenpolitik des jeweiligen Landes, sie haben grundlegenden Einfluß auf die Gestaltung der zwischenstaatlichen Beziehungen. Und zum zweiten: Ein Staatenbund, der primär im Dienste der Verhinderung von Kriegen steht, darf die Souveränität eines Staates nicht einschränken.

So ergab sich für Kant, daß die Friedensstiftung mit der Stiftung «einer durch Rechtsprinzipien verwalteten bürgerlichen Gesellschaft» als dem in der damaligen Übergangsepoche zu erkämpfenden neuen Weltzustand organisch verbunden war.[20]

Im ersten Definitivartikel des Friedenstraktats wird gefordert: «Die bürgerliche Verfassung in jedem Staat soll republikanisch sein.»[21] Unter dem Einfluß der Französischen Revolution spricht Kant vom «Republikanismus» als Prinzip zur vernünftigen gesellschaftlichen Ordnung. Die republikanische Staatsverfassung dient der Stiftung des ewigen Friedens, und sie erfordert die Beistimmung der Staatsbürger dazu, um zu beschließen, «ob Krieg sein solle oder nicht», denn sie haben alle Opfer und Leiden des Krieges, «des größten Übels der Menschengattung», zu ertragen.[22]

Wenngleich nach Kant der vereinigte Wille aller, das heißt das Volk, Grundlage des Staates und des Rechtes sei, so wich er aber der staatsbürgerlichen Rechtsgleichheit aller aus. Den Tagelöhnern, Ackerbauern, Handwerksgesellen, Bediensteten, Hauslehrern und Frauen, das heißt der Mehrheit des Volkes, billigte Kant kein Wahlrecht zu. Hier fällt Kant weit hinter Jean Jacques Rousseau zurück, der ihn so tief in seinem Gesellschaftsdenken beeinflußt hatte. Hermann Klenner spricht aus diesem und anderen Gründen zu Recht vom «undemokratischen Konzept der Volkssouveränität Kants»[23]. Hierin ist der Einfluß der weit unter dem damaligen weltgeschichtlichen Fortschritt stehenden deutschen Verhältnisse besonders stark spürbar.

Im zweiten Definitivartikel wird erklärt: «Das Völkerrecht soll auf einen Föderalismus freier Staaten gegründet sein»,[24] es solle die nationale Souveränität der Staaten nicht beeinträchtigen. Für die zu stiftende Friedensordnung in Gestalt eines «Völkerbundes» souveräner Staaten baut der Philosoph auf die Rolle des vernunftbegabten Subjekts in der Geschichte. Der Völkerbund sei notwendig, um aus dem Naturzustande, dem gesetzlosen Zustande, der lauter Kriege gebiert, herauszukommen. Der Gegensatz zum Naturzustand ist für

Kant der bürgerliche Zustand, das ist nach ihm der nach Vernunftsprinzipien rechtlich fixierte Zustand. Es sei unterstrichen, dem Rechtsphilosophen Kant war der Völkerbund ein zwischenstaatliches, am Völkerrecht orientiertes Institut, eben kein kosmopolitischer Weltstaat.

Der dritte Definitivartikel: «Das Weltbürgerrecht soll auf Bedingungen der allgemeinen Hospitalität eingeschränkt sein», akzentuiert Kants völlige Ablehnung des Kolonialismus und der kolonialen Eroberungspolitik europäischer Staaten. In diesem Artikel erklärt der Philosoph noch einmal kategorisch: in seinem Traktat, vor allem aber in seinen Definitivartikeln, ist «nicht von Philanthropie, sondern vom Recht die Rede»[25]. Kant erstrebt eine Garantie des Friedens,[26] das meint ein dauerhaftes, stabiles Fundament, an dem die Willkür, die Subjektivität der Menschen nichts auszurichten vermag. Wenn Kant dabei vom «Mechanismus der Natur» spricht, dann deshalb, um sich der objektiven Tendenz, der Antagonismen als Triebkraft der weltgeschichtlichen Entwicklung, des gesetzmäßigen Fortschreitens der Menschheit vom Niederen zum Höheren zu versichern. Das heißt, vom Objektiven, vom Widersprüchlichen als Triebkraft, vom Notwendigen und Möglichen in der Geschichte – eben nicht von der Hoffnung auf moralische Besserung der Menschen – her erfolgt das wissenschaftliche Bemühen Kants um die Begründung des historisch langwierigen Prozesses einer «kontinuierlichen Annäherung zum höchsten politischen Gut, zum ewigen Frieden».[27] So ist für Kant die «allgemeine und fortdauernde Friedensstiftung nicht bloß einen Teil, sondern der ganze Endzweck der Rechtslehre innerhalb der Grenzen der bloßen Vernunft».[28] Das ist von großer Bedeutung im humanistischen Anliegen Kantschen Philosophierens, um «die Rechte der Menschheit herzustellen».

Der Einfluß Jean Jacques Rousseaus, seiner Schriften zur Naturrechts- und Gesellschaftsvertragslehre, vor allem seines «Contrat social» (1762), im Hinblick auf die Behandlung der Probleme der Würde des Menschen, seiner Rechte und Freiheit und des Friedens auf Kant ist hierin nachhaltig.

Kant — höchst sachkundiger Beurteiler der politischen Vorgänge seiner Zeit und hervorragender Kenner zeitgenössischer und früherer politischer Theorien — wußte nur zu gut um die große Kluft zwischen seinem Friedensideal und den vielen Kriegen seiner Zeit («im Naturzustand»). Er war sich — soweit es überhaupt vorausschaubar war — in vielem der zu unternehmenden großen Anstrengungen der friedliebenden Menschen und ihrer Entbehrungen auf dem langen Weg zum dauerhaften Frieden durchaus bewußt. Er ahnte, wie enorm die Gestehungskosten des künftigen historischen Fortschritts und der mit ihm wachsenden Chancen des Friedens sein würden. Kant hat keine Friedensutopie geschrieben. Er wußte sehr genau, daß alle Übel und vor allem deren größtes, der Krieg, vom Menschen dem Menschen kommen. Krieg ist nach ihm Menschenwerk und kann daher auch nur von Menschen verhindert werden. Dazu bedarf es objektiver und subjektiver Bedingungen. Er stieß auf den Zusammenhang von Krieg und Politik. Nicht von ungefähr äußerte er sich kritisch über Staatsoberhäupter seiner Zeit, «die des Krieges nie satt werden können».[29] Er legte auch erste Spuren seiner Erkenntnis über den Zusammenhang von feudalabsolutistischer Kriegspolitik und ökonomischer Ausplünderung von Menschen und Ressourcen der überfallenen Staaten und Völker frei. Demgegenüber sah er im Handelsgeist, im friedlichen, völkerverbindenden Handel, im Austausch von Wissensgütern Faktoren der Friedensförderung. (Nebenbei bemerkt: nicht ohne Gewinn hat Karl von Clausewitz seinen Kant studiert.)

Weder die vielen Kriege noch die labilen Friedensverträge vermochten Kant in die Resignation, in den Fatalismus zu treiben. Der Frieden ist kein Geschenk Gottes und auch nicht der Natur. Er muß *gestiftet*, das heißt hart erarbeitet, erkämpft werden. Daher ist im Friedenstraktat Kants letztes Wort und großes humanistisches Bekenntnis: «...so ist der ewige Frieden...keine leere Idee, sondern eine Aufgabe, die nach und nach aufgelöst, ihrem Ziele...beständig näherkommt.»[30]

Die Grundidee vom ewigen Frieden stellt den Höhepunkt der praktischen Philosophie, insbesondere der praktischen Ethik und Geschichtsphilosophie Kants dar. Sie wurzelt im Sittengesetz, im kategorischen Imperativ, wie Kant ihn in der «Kritik der praktischen Vernunft» und in der «Metaphysik der Sitten» insbesondere formuliert hat. Das Recht auf Frieden ist Kant zugleich Pflicht des Menschen vor allem gegenüber der Gattung und deren Fortschreiten.

Kants «kategorischer Imperativ»[31] in seiner absoluten Verbindlichkeit für alle Menschen soll im Einklang mit dem Humanismus der Aufklärung der Selbstsucht und dem Egoismus der bürgerlich-kapitalistischen Welt Einhalt gebieten, um zumindest formal die bürgerliche Gesellschaft als Gemeinschaft postulieren zu können. Hier wird besonders deutlich, daß Kants Philosophie den Interessen der progressiven Bourgeoisie, ihrer Emanzipation verpflichtet ist, was zugleich ihre Grenze markiert.

III

Die beiden großen Grundideen der praktischen Philosophie Kants, die Idee von der Würde des Menschen und seinen unveräußerlichen Rechten und die Idee vom ewigen Frieden, sind kostbares humanistisches philosophisches Erbe.

Die Vertreter der klassischen bürgerlichen Philosophie dachten in den Kategorien der Vernunft und des Friedens, der Geschichte und des Gesetzmäßigen, der Wahrheit und der Erkenntnis, des Fortschritts und der Humanität.

Im Gegensatz dazu steht die spätbürgerliche Ideologie mit ihrem Verzicht auf diese Revolution der Denkungsart, weil es ein humanistisches Denken revolutionärer Umgestaltung war. Diese «Zurücknahme» – um einen Begriff Thomas Manns aus seinem «Doktor Faustus» zu bemühen – des großen humanistischen Erbes durch die reaktionäre Großbourgeoisie ist vor allem in der imperialistischen Kriegspolitik und Kriegsideologie mit der Inthronisierung der Unvernunft und des Irrationalismus, des Kriegskultes und des Antihumanismus und eines haßerfüllten Antikommunismus untrennbar verbunden.

Im Gegensatz dazu wird von den sozialistischen Staaten mit ihrem Appell an die Vernunft und mit ihrem Wirken für eine weltweite Koalition der Vernunft für den Frieden zugleich eine humanistische Linie fortgeführt, die im philosophischen Ringen um Frieden und sozialen Fortschritt wie im Kampf der Völker eine bedeutsame Rolle gespielt hat, indem sie wichtige Triebkräfte der Geschichte freisetzte.

«Natürlich wissen wir, daß die junge aufstrebende Bourgeoisie letztlich nur nach einer Seite fortschrittlich sein konnte, gegenüber dem Feudalismus, seinen Institutionen und seiner Ideologie. Wir machen die Bourgeoisie nicht verantwortlich für das, was sie objektiv tatsächlich nicht leisten konnte. Wir wissen um die heroischen Illusionen wie um die höchst widersprüchlichen Resultate, die dem Anspruch der Vernunft keineswegs entsprechen», stellte Professor Kurt Hager fest.[32]

Großes haben die Sowjetunion, die DDR und die anderen Staaten der sozialistischen Gemeinschaft geleistet, um das humanistische Erbe der Weltkultur, zu der Kants Werk hervorragend gehört, zu bewahren und zu pflegen, indem es auf historisch neuer, höherer Stufe bei der Meisterung der großen Aufgaben für das Wohl des Volkes und für die Sicherung des Weltfriedens lebendig und nützlich ist.

Der Anspruch auf die Durchsetzung der Vernunft in der Geschichte wurde von der Arbeiterklasse und ihrer Partei gemeinsam mit ihren Bündnispartnern aufgenommen und auf einen realen historischen Boden gestellt. So sind in unserer Epoche realer Sozialismus und Frieden, Vernunft, Humanismus und Realismus eine dem Frieden und dem Fortschritt der Menschheit dienende feste Einheit und unüberwindliche Kraft.

Berlin, Januar 1985   Fred Dumke

ANMERKUNGEN

1 Karl Polak: Zur Dialektik in der Staatslehre, Berlin 1959, S. 25.
2 Karl Marx: Das philosophische Manifest der historischen Rechtsschule. In: Karl Marx und Friedrich Engels, Werke (künftig: MEW), Bd. 1, S. 80.
3 Vgl. Revolution der Denkart oder Denkart der Revolution, Beiträge zur Philosophie Immanuel Kants, hrsg. von M. Buhr und T. I. Oisermann, Berlin 1976.
4 Karl Marx und Friedrich Engels: Die deutsche Ideologie. In: MEW, Bd. 3, S. 176/177 heißt es zu dieser Problematik: ‹Der Zustand Deutschlands am Ende des vorigen Jahrhunderts spiegelt sich vollständig ab in Kants ‹Critik der practischen Vernunft›. Während die französische Bourgeoisie sich durch die kolossalste Revolution, die die Geschichte kennt, zur Herrschaft aufschwang und den europäischen Kontinent eroberte, während die bereits politisch emanzipierte englische Bourgeoisie die Industrie revolutionierte und sich Indien politisch und die ganze andere Welt kommerziell unterwarf, brachten es die ohnmächtigen deutschen Bürger nur zum ‹guten Willen›. Kant beruhigte sich bei dem bloßen ‹guten Willen›, selbst wenn er ohne alles Resultat bleibt, und setzte die Verwirklichung dieses guten Willens, die Harmonie zwischen ihm und den Bedürfnissen und Trieben der Individuen, ins Jenseits. Dieser gute Wille Kants entspricht vollständig der Ohnmacht, Gedrücktheit und Misere der deutschen Bürger, deren kleinliche Interessen nie fähig waren, sich zu gemeinschaftlichen, nationalen Interessen einer Klasse zu entwickeln, und die deshalb fortwährend von den Bourgeois aller anderen Nationen exploitiert wurden.›
5 Immanuel Kant: Vorrede zur Anthropologie in pragmatischer Hinsicht, hrsg. von J. H. von Kirchmann, Leipzig 1880, S. 2.
6 Johann Gottfried Herder: Briefe zur Beförderung der Humanität, Bd. 2, Berlin 1971, S. 350/351.

7 Vgl. Martina Thom: Ideologie und Erkenntnistheorie, Untersuchung am Beispiel der Entstehung des Kritizismus und Transzendentalismus Immanuel Kants, Berlin 1980, S. 71.
8 Vgl. Manfred Buhr: Die Philosophie Immanuel Kants als theoretische Quelle des Marxismus-Leninismus. In: Revolution der Denkart oder Denkart der Revolution, hrsg. von M. Buhr und T. I. Oisermann, Berlin 1976, S. 12/13.
9 I. Kant: Vorrede zur ersten Ausgabe der Kritik der reinen Vernunft, Leipzig o. J., S. 7.
10 I. Kant: Anthropologie in pragmatischer Hinsicht, hrsg. von J. H. von Kirchmann, Leipzig 1880, § 41, S. 100.
11 I. Kant: Metaphysik der Sitten, Verlag Felix Meiner, Leipzig 1945, § 62, S. 182.
12 Vgl. I. Kant: Idee zu einer allgemeinen Geschichte in weltbürgerlicher Absicht (1784). In: Kleine philosophische Schriften, Leipzig o. J. (Reclam), S. 217 f.; Kant: Der Streit der Fakultäten. In: a. a. O., S. 249–262. Zum Inhalt und zum Aufstiegsprozeß des Entwicklungsgedankens in der Philosophie I. Kants siehe Hermann Ley: Vom Bewußtsein zum Sein. Vergleich der Geschichtsphilosophie von Hegel und Marx, Akademie-Verlag, Berlin 1982, S. 25/26.
13 Heinrich Heine hat als einer der ersten scharfsinnig Bleibendes über die klassische deutsche bürgerliche Philosophie in seinen Aufsätzen ‹Zur Geschichte der Religion und Philosophie in Deutschland› geschrieben. In einem Aspekt aber irrt er offensichtlich, wenn er von Kants Schriften vor und nach der ‹Kritik der reinen Vernunft› behauptete: «Die ‹Kritik der reinen Vernunft› ist, ... das Hauptbuch von Kant, und seine übrigen Schriften sind einigermaßen als entbehrlich oder allenfalls als Kommentare zu betrachten.» In: Ebenda, Leipzig o. J. (Reclam), S. 165.
14 Auch das deutsche Volk hat eine bedeutende Friedenstradition. Vgl. Deutsches Friedensbuch, Berlin und Weimar 1965.
15 Vgl. Wolfgang Förster (Hrsg.): Gesellschaftslehren der klassischen bürgerlichen deutschen Philosophie, Akademie-Verlag, Berlin 1983, S. 116.
16 H. J. Sandkühler: Vor der Aufgabe des Friedens – die Philosophie. Von Kant zum Marxismus-Leninismus. In: Deutsche Zeitschrift für Philosophie, Heft 9/1981, S. 1021.

17 Werner Bahner: Formen, Ideen, Prozesse in den Literaturen der romanischen Völker, Bd. 2: Positionen und Themen der Aufklärung, Akademie-Verlag, Berlin 1977, S. 183.
18 Vgl. I. Kant: Zum ewigen Frieden, Leipzig o. J. (Reclam), Die sechs Präliminarartikel, S. 33–41.
19 Ebenda, S. 39.
20 I. Kant: In seiner Schrift «Idee zu einer allgemeinen Geschichte in weltbürgerlicher Absicht» im «Fünften Satz» heißt es: «Das größte Problem für die Menschengattung, zu dessen Auflösung die Natur ihn zwingt, ist die Erreichung einer allgemein das Recht verwaltenden bürgerlichen Gesellschaft.» In: Kant, Kleine philosophische Schriften, Leipzig o. J. (Reclam), S. 224.
21 I. Kant: Zum ewigen Frieden, a. a. O., S. 43.
22 Ebenda, S. 45.
23 Hermann Klenner: Zur Rechtslehre der reinen Vernunft. In: Revolution der Denkart oder Denkart der Revolution, hrsg. von M. Buhr und T. I. Oisermann, Berlin 1976, S. 172.
24 I. Kant: Zum ewigen Frieden, a. a. O., S. 49.
25 Ebenda, S. 56.
26 Ebenda, S. 60.
27 I. Kant: Metaphysik der Sitten, Leipzig 1945, S. 186.
28 Ebenda, S. 185/186.
29 I. Kant: Zum ewigen Frieden, Leipzig, o. J., S. 31.
30 Ebenda, S. 103.
31 I. Kant: Kritik der praktischen Vernunft, Leipzig, o. J. (Reclam), § 7, S. 42: Der kategorische Imperativ lautet: «Handle so, daß die Maxime deines Willens jederzeit zugleich als Prinzip einer allgemeinen Gesetzgebung gelten könne.» Dieser kategorische Imperativ soll die Menschen auf die Schaffung des «weltbürgerlichen Zustandes», des Rechtsstaates und die Stiftung des ewigen Friedens orientieren. Ethik und Geschichtsphilosophie sind ihm die eigentlichen Bewährungshelfer der Philosophie.
Kant unternimmt mit dem kategorischen Imperativ den Versuch, über die nur negative Begrenzung des individuellen Spielraums hinauszukommen und ein gesellschaftlich gültiges, für alle absolut verbindliches Prinzip aufzustellen, das auf das gesellschaftliche Ganze als einer eigenständigen, qualitativ neuen Größe orientiert.

Es soll der Zusammenhalt der Klasse der Bourgeoisie als Klassensubjekt gewährleistet und gesichert sein. Sehr zu Recht wies Manfred Buhr darauf hin, daß nicht die Kantsche Ethik primär abstrakt ist, sondern die zwischenmenschlichen Beziehungen im Kapitalismus erschöpfen sich im Abstrakten und Formalen, denn sie unterliegen den Gesetzen der Konkurrenz, moralisch: der Selbstsucht und dem Egoismus. M. Buhr/T. I. Oisermann, Immanuel Kants philosophisches Erbe. In: Einheit, 4/1974, S. 463.

32 Kurt Hager: Unser humanistischer Auftrag, Schlußwort auf dem VI. Philosophie-Kongreß der DDR. In: Einheit, 12/1984, S. 1088.

Zum
ewigen Frieden.

Ein philosophischer Entwurf

von

Immanuel Kant.

Königsberg,
bey Friedrich Nicolovius.
1795.

Zum ewigen Frieden.

Ob diese satyrische Ueberschrift auf dem Schilde jenes holländischen Gastwirths, worauf ein Kirchhof gemahlt war, die **Menschen** überhaupt, oder besonders die Staatsoberhäupter, die des Krieges nie satt werden können, oder wohl gar nur die Philosophen gelte, die jenen süßen Traum träumen, mag dahin gestellt seyn. Das bedingt sich aber der Verfasser des Gegenwärtigen aus, daß, da der praktische Politiker mit dem theoretischen auf dem Fuß steht, mit großer Selbstgefälligkeit auf ihn als einen Schulweisen herabzusehen, der dem Staat, welcher von Erfahrungsgrundsätzen ausgehen müsse, mit seinen sachleeren Ideen keine Gefahr bringe, und den man immer seine eilf Kegel auf einmal werfen lassen kann, ohne, daß sich der weltkundige Staatsmann daran kehren darf, dieser auch, im Fall eines Streits mit jenem sofern consequent verfahren müsse, hinter seinen auf gut Glück gewagten, und öffentlich geäusserten Meynungen nicht Gefahr für den Staat zu wittern; — durch welche Clausula salvatoria der Verfasser dieses sich dann hiemit in der besten Form wider alle bösliche Auslegung ausdrücklich verwahrt wissen will.

Erster Abschnitt,

welcher die Präliminarartikel zum ewigen Frieden unter Staaten enthält.

---

1. „Es soll kein Friedensschluß für einen solchen gelten, der mit dem geheimen Vorbehalt des Stoffs zu einem künftigen Kriege gemacht worden."

Denn alsdenn wäre er ja ein bloßer Waffenstillstand, Aufschub der Feindseligkeiten, nicht Friede, der das Ende aller Hostilitäten bedeutet, und dem das Beywort ewig anzuhängen ein schon verdächtiger Pleonasm ist. Die vorhandene, obgleich jetzt vielleicht den Pacisrenden selbst noch nicht bekannte, Ursachen zum künftigen Kriege sind durch den Friedensschluß insgesammt vernichtet, sie mögen auch aus archivarischen Dokumenten mit noch so scharfsichtiger Ausspähungsgeschicklichkeit ausgeklaubt seyn.

seyn. — Der Vorbehalt (reseruatio mentalis) aller allererst künftig auszudenkender Prätensionen, deren kein Theil für jetzt Erwähnung thun mag, weil beyde zu sehr erschöpft sind, den Krieg fortzusetzen, bey dem bösen Willen, die erste günstige Gelegenheit zu diesem Zweck zu benutzen, gehört zur Jesuitencasuistik, und ist unter der Würde der Regenten, so wie die Willfährigkeit zu dergleichen Deduktionen unter der Würde eines Ministers desselben, wenn man die Sache, wie sie an sich selbst ist beurtheilt. —

Wenn aber, nach aufgeklärten Begriffen der Staatsklugheit, in beständiger Vergrößerung der Macht, durch welche Mittel es auch sey, die wahre Ehre des Staats gesetzt wird, so fällt freylich jenes Urtheil als schulmäßig und pedantisch in die Augen.

2. „Es soll kein für sich bestehender Staat „(klein oder groß, das gilt hier gleichviel) von „einem andern Staate durch Erbung, Tausch, „Kauf oder Schenkung, erworben werden „können."

Ein

Ein Staat ist nämlich nicht (wie etwa der Boden, auf dem er seinen Sitz hat) eine Haabe (patrimonium). Er ist eine Gesellschaft von Menschen, über die Niemand anders, als er selbst, zu gebieten und zu disponiren hat. Ihn aber, der selbst als Stamm seine eigene Wurzel hatte, als Pfropfreis einem andern Staate einzuverleiben, heißt seine Existenz, als einer moralischen Person, aufheben, und aus der letzteren eine Sache machen, und widerspricht also der Idee des ursprünglichen Vertrags, ohne die sich kein Recht über ein Volk denken läßt *) In welche Gefahr das Vorurtheil dieser Erwerbungsart Europa, denn die andern Welttheile haben nie davon gewußt, in unsern bis auf die neuesten Zeiten gebracht habe, daß sich nämlich auch Staaten einander heurathen könnten, ist jedermann bekannt, theils als eine neue Art von Industrie, sich auch ohne Aufwand von Kräften

---

*) Ein Erbreich ist nicht ein Staat, der von einem andern Staate, sondern dessen Recht zu regieren an eine andere physische Person vererbt werden kann. Der Staat erwirbt alsdann einen Regenten, nicht dieser als ein solcher (d. i. der schon ein anderes Reich besitzt) den Staat.

ten durch Familienbündnisse übermächtig zu machen, theils auch auf solche Art den Länderbesitz zu erweitern. — Auch die Verdingung der Truppen eines Staats an einen andern, gegen einen nicht gemeinschaftlichen Feind, ist dahin zu zählen; denn die Unterthanen werden dabey als nach Belieben zu handhabende Sachen gebraucht und verbraucht.

3. „Stehende Heere (miles perpetuus) sollen „mit der Zeit ganz aufhören."

Denn sie bedrohen andere Staaten unaufhörlich mit Krieg, durch die Bereitschaft, immer dazu gerüstet zu erscheinen; reitzen diese an, sich einander in Menge der gerüsteten, die keine Grenzen kennt, zu übertreffen, und, indem durch die darauf verwandten Kosten der Friede endlich noch drückender wird als ein kurzer Krieg, so sind sie selbst Ursache von Angriffskriegen, um diese Last loszuwerden; wozu kommt, daß zum Tödten, oder getödtet zu werden in Sold genommen zu seyn, einen Gebrauch von Menschen als bloßen Maschinen und Werkzeugen in der Hand eines Andern (des Staats) zu enthalten scheint, der sich nicht wohl mit dem Rechte der

Mensch-

Menschheit in unserer eigenen Person vereinigen läßt *). Ganz anders ist es mit der freywilligen periodisch vorgenommenen Uebung der Staatsbürger in Waffen bewandt, sich und ihr Vaterland dadurch gegen Angriffe von außen zu sichern. — Mit der Anhäufung eines Schatzes würde es eben so gehen, daß er, von andern Staaten als Bedrohung mit Krieg angesehen, zu zuvorkommenden Angriffen nöthigte (weil unter den drey Mächten, der **Heeresmacht**, der **Bundesmacht** und der **Geldmacht**, die letztere wohl das zuverläßigste Kriegswerkzeug seyn dürfte; wenn nicht die Schwierigkeit, die Größe desselben zu erforschen, dem entgegenstände).

4. „Es sollen keine Staatsschulden in Beziehung „auf äußere Staatshändel gemacht werden."

Zum Behuf der Landesökonomie (der Wegebesserung, neuer Ansiedelungen, Anschaffung der Magazine für besorgliche Mißwachsjahre u. s. w.), außerhalb oder innerhalb dem Staate Hülfe zu suchen, ist diese Hülfsquelle unverdächtig. Aber, als entgegenwirkende Maschine der Mächte gegen einander, ist ein Creditsystem ins Unabsehliche anwachsender und doch immer für die gegenwärtige Forderung (weil sie doch nicht von allen Gläubigern auf einmal geschehen wird) gesicherter Schulden, — die sinnreiche Erfindung eines handeltreibenden Volks in diesem Jahrhundert —, eine gefährliche Geldmacht, nämlich ein Schatz zum Kriegführen, der die Schätze aller andern Staaten zusammengenommen übertrifft, und nur durch den einmal bevorstehenden Ausfall der Taxen (der doch auch durch die Belebung des Verkehrs, vermittelst der Rückwirkung auf Industrie und Erwerb, noch lange hingehalten wird) erschöpft werden kann. Diese Leichtigkeit Krieg zu führen, mit der Neigung der Machthabenden dazu, welche der menschlichen Natur eingeartet zu seyn scheint, verbunden, ist also ein großes Hinderniß des ewigen Friedens, welches zu verbieten um desto mehr

mehr ein Präliminarartikel desselben seyn müßte, weil der endlich doch unvermeidliche Staatsbankerott manche andere Staaten unverschuldet in den Schaden mit verwickeln muß, welches eine öffentliche Läsion der letzteren seyn würde. Mithin sind wenigstens andere Staaten berechtigt, sich gegen einen solchen und dessen Anmaßungen zu verbünden.

5. "Kein Staat soll sich in die Verfassung und "Regierung eines andern Staats gewaltthä- "tig einmischen."

Denn was kann ihn dazu berechtigen? Etwa das Skandal, was er den Unterthanen eines andern Staats giebt? Es kann dieser vielmehr, durch das Beyspiel der großen Uebel, die sich ein Volk durch seine Gesetzlosigkeit zugezogen hat, zur Warnung dienen; und überhaupt ist das böse Beyspiel, was eine freye Person der andern giebt, (als scandalum acceptum) keine Läsion derselben. — Dahin würde zwar nicht zu ziehen seyn, wenn ein Staat sich durch innere Veruneinigung in zwey Theile spaltete, deren jeder für sich einen besondern Staat vorstellt, der auf das Ganze Anspruch macht; wo einem der-

derselben Beystand zu leisten einem äußern Staat nicht für Einmischung in die Verfassung des andern (denn es ist alsdann Anarchie) angerechnet werden könnte. So lange aber dieser innere Streit noch nicht entschieden ist, würde diese Einmischung äußerer Mächte Verletzung der Rechte eines nur mit seiner innern Krankheit ringenden, von keinem andern abhängigen Volks, selbst also ein gegebenes Skandal seyn, und die Autonomie aller Staaten unsicher machen.

6. „Es soll sich kein Staat im Kriege mit einem „andern solche Feindseligkeiten erlauben, wel„che das wechselseitige Zutrauen im künftigen „Frieden unmöglich machen müssen: als da „sind, Anstellung der Meuchelmörder „(percussores), Giftmischer (venefici), „Brechung der Capitulation, An„stiftung des Verraths (perduellio), „in dem bekriegten Staat 2c."

Das sind ehrlose Stratagemen. Denn irgend ein Vertrauen auf die Denkungsart des Feindes muß mitten im Kriege noch übrig bleiben, weil sonst auch kein Friede abgeschlossen werden könnte, und die Feindseligkeit in einen
Aus-

Ausrottungskrieg (bellum internecinum) ausschlagen würde; da der Krieg doch nur das traurige Nothmittel im Naturzustande ist, (wo kein Gerichtshof vorhanden ist, der rechtskräftig urtheilen könnte) durch Gewalt sein Recht zu behaupten; wo keiner von beyden Theilen für einen ungerechten Feind erklärt werden kann (weil das schon einen Richterausspruch voraussetzt), sondern der Ausschlag desselben (gleich als vor einem so genannten Gottesgerichte) entscheidet, auf wessen Seite das Recht ist; zwischen Staaten aber sich kein Bestrafungskrieg (bellum punitiuum) denken läßt (weil zwischen ihnen kein Verhältniß eines Obern zu einem Untergebenen statt findet). — Woraus denn folgt: daß ein Ausrottungskrieg, wo die Vertilgung beyde Theile zugleich, und mit dieser auch alles Rechts treffen kann, den ewigen Frieden nur auf dem großen Kirchhofe der Menschengattung statt finden lassen würde. Ein solcher Krieg also, mithin auch der Gebrauch der Mittel, die dahin führen, muß schlechterdings unerlaubt seyn. — Daß aber die genannte Mittel unvermeidlich dahin führen, erhellet daraus: daß jene höllische Künste, da sie an sich selbst niederderträchtig sind, wenn sie in Gebrauch gekommen, sich nicht lange innerhalb der Grenze des Krieges halten, wie etwa der Gebrauch der Spione (vti exploratoribus), wo nur die Ehrlosigkeit Anderer (die nun einmal nicht ausgerottet werden kann) benutzt wird, sondern auch in den Friedenszustand übergehen, und so die Absicht desselben gänzlich vernichten würden.

* * *

Obgleich die angeführte Gesetze objektiv, d. i. in der Intention der Machthabenden, lauter Verbotgesetze (leges prohibitiuae) sind, so sind doch einige derselben von der strengen, ohne Unterschied der Umstände geltenden Art (leges strictae), die so fort auf Abschaffung bringen (wie Nr. 1, 5, 6), andere aber (wie Nr. 2, 3, 4), die zwar nicht als Ausnahmen von der Rechtsregel, aber doch in Rücksicht auf die Ausübung derselben, durch die Umstände, subjektiv für die Befugniß erweiternd (leges latae), und Erlaubnisse enthalten, die Vollführung aufzuschieben, ohne doch den Zweck aus den Augen zu verlieren, der diesen Aufschub, z. B. der Wieder-erstat-

erstattung der gewissen Staaten, nach Nr. 2, entzogenen Freyheit, nicht auf den Nimmertag (wie August zu versprechen pflegte, ad calendas graecas) auszusetzen, mithin die Nichterstattung, sondern nur, damit sie nicht übereilt und so der Absicht selbst zuwider geschehe, die Verzögerung erlaubt. Denn das Verbot betrifft hier nur die Erwerbungsart, die fernerhin nicht gelten soll, aber nicht den Besitzstand, der, ob er zwar nicht den erforderlichen Rechtstitel hat, doch zu seiner Zeit (der putativen Erwerbung), nach der damaligen öffentlichen Meynung, von allen Staaten für rechtmäßig gehalten wurde*).

*) Ob es außer dem Gebot (leges praeceptiuae), und Verbot (leges prohibitiuae), noch Erlaubnisgesetze (leges permissiuae) der reinen Vernunft geben könne, ist bisher nicht ohne Grund bezweifelt worden. Denn Gesetze überhaupt enthalten einen Grund objektiver praktischer Nothwendigkeit, Erlaubnis aber einen der praktischen Zufälligkeit gewisser Handlungen; mithin würde ein Erlaubnisgesetz Nöthigung zu einer Handlung, zu dem, wozu jemand nicht genöthigt werden kann, enthalten, welches, wenn das Objekt des Gesetzes in beyderley Beziehung einerley Bedeutung hätte, ein Widerspruch seyn würde. — Nun geht aber hier im Erlaubnisgesetze

das

das vorausgesetzte Verbot nur auf die künftige Erwerbungsart eines Rechts (z. B. durch Erbschaft), die Befreyung aber von diesem Verbot, d. i. die Erlaubnis, auf den gegenwärtigen Besitzstand, welcher letztere, im Ueberschritt aus dem Naturzustande in den bürgerlichen, als ein, obwohl unrechtmäßiger, dennoch ehrlicher, Besitz (possessio putatiua) nach einem Erlaubnisgesetze des Naturrechts noch fernerhin fortdauern kann, obgleich ein putativer Besitz, so bald er als ein solcher erkannt worden, im Naturzustande, imgleichen eine ähnliche Erwerbungsart im nachmaligen bürgerlichen (nach geschehenem Ueberschritt) verboten ist, welche Befugnis des fortdauernden Besitzes nicht statt finden würde, wenn eine solche vermeintliche Erwerbung im bürgerlichen Zustande geschehen wäre; denn da würde er, als Läsion, sofort nach Entdeckung seiner Unrechtmäßigkeit aufhören müssen.

Ich habe hiemit nur beyläufig die Lehrer des Naturrechts auf den Begriff einer lex permissiua, welcher sich einer systematisch-eintheilenden Vernunft von selbst darbietet, aufmerksam machen wollen; vornehmlich, da im Civilgesetze (statuarischen) öfters davon Gebrauch gemacht wird, nur mit dem Unterschiede, daß das Verbotgesetz für sich allein dasteht, die Erlaubnis aber nicht als einschränkende Bedingung (wie es sollte) in jenes Gesetz mit hinein gebracht, sondern unter die Ausnahmen geworfen wird. — Da heißt es dann: dies oder jenes wird verboten: es sey denn Nr. 1, Nr. 2, Nr. 3, und so weiter ins Unabsehliche, die Erlaubnisse nur
zufäl-

zufälliger Weise, nicht nach einem Princip, sondern durch Herumtappen unter vorkommenden Fällen, zum Gesetz hinzukommen; denn sonst hätten die Bedingungen in die Formel des Verbotsgesetzes mit hineingebracht werden müssen, wodurch es dann zugleich ein Erlaubnisgesetz geworden wäre. — Es ist daher zu bedauern, daß die sinnreiche, aber unaufgelöst gebliebene, Preisaufgabe des eben so weisen als scharfsinnigen Herrn Grafen von Windischgrätz, welche gerade auf das letztere drang, sobald verlassen worden. Denn die Möglichkeit einer solchen (der mathematischen ähnlichen) Formel ist der einzige ächte Probierstein einer consequent bleibenden Gesetzgebung, ohne welche das so genannte ius certum immer ein frommer Wunsch bleiben wird. — Sonst wird man bloß generale Gesetze (die im Allgemeinen gelten), aber keine universale (die allgemein gelten) haben, wie es doch der Begriff eines Gesetzes zu erfordern scheint.

Zweyter Abschnitt,

welcher die Definitivartikel zum ewigen Frieden unter Staaten enthält.

Der Friedenszustand unter Menschen, die neben einander leben, ist kein Naturstand (status naturalis), der vielmehr ein Zustand des Krieges ist, d. i. wenn gleich nicht immer ein Ausbruch der Feindseligkeiten, doch immerwährende Bedrohung mit denselben. Er muß also gestiftet werden; denn die Unterlassung der letzteren ist noch nicht Sicherheit dafür, und, ohne daß sie einem Nachbar von dem andern geleistet wird (welches aber nur in einem gesetzlichen Zustande geschehen kann), kann jener diesen, welchen er dazu aufgefordert hat, als einen Feind behandeln *).

*) Gemeiniglich nimmt man an, daß man gegen Niemand feindlich verfahren dürfe, als nur, wenn er mich schon thätig lädirt hat, und das ist auch ganz richtig, wenn beyde im bürgerlich-gesetzlichen Zustande sind. Denn dadurch, daß dieser in denselben getreten ist, leistet er jenem (vermittelst der Obrigkeit, welche über Beyde Gewalt hat) die erförderliche Sicherheit. — Der Mensch aber (oder das Volk) im bloßen Naturstande benimmt mir diese Sicherheit, und lädirt mich schon durch eben diesen Zustand, indem er neben mir ist, obgleich nicht thätig (facto), doch durch die Gesetzlosigkeit seines Zustandes (statu iniusto), wodurch ich beständig von ihm bedrohet werde, und ich kann ihn nöthigen, entweder mit mir in einen gemeinschaftlich-gesetzlichen Zustand zu treten, oder aus meiner Nachbarschaft zu weichen. — Das Postulat also, was allen folgenden Artikeln zum Grunde liegt, ist: Alle Menschen, die auf einander wechselseitig einfließen können, müssen zu irgend einer bürgerlichen Verfassung gehören.

Alle rechtliche Verfassung aber ist, was die Personen betrifft, die darin stehen,

1) die nach dem **Staatsbürgerrecht** der Menschen, in einem Volk (ius ciuitatis),

2) nach dem **Völkerrecht** der Staaten in Verhältnis gegen einander (ius gentium),

3) die nach dem **Weltbürgerrecht**, so fern Menschen und Staaten, in äußerem auf einander einfließendem Verhältnis stehend, als Bürger eines allgemeinen Menschenstaats anzusehen sind (ius cosmopoliticum). Diese Eintheilung ist nicht willkührlich, sondern nothwendig in Beziehung auf die Idee vom ewigen Frieden. Denn wenn nur einer von diesen im Verhältnisse des physischen Einflusses auf den andern, und doch im Naturstande wäre, so würde damit der Zustand des Krieges verbunden seyn, von dem befreyet zu werden hier eben die Absicht ist.

Erster Definitivartikel
zum ewigen Frieden.

Die bürgerliche Verfassung in jedem Staat soll republikanisch seyn.

Die erstlich nach **Principien der Freyheit** der Glieder einer Gesellschaft (als **Menschen**); zweytens nach **Grundsätzen der Abhängigkeit** aller von einer einzigen gemeinsamen Gesetzgebung (als **Unterthanen**); und drittens, die nach dem **Gesetz der Gleichheit** derselben (als **Staatsbürger**) gestiftete Verfassung — die einzige, welche aus der Idee des ursprünglichen Vertrags hervorgeht, auf der alle rechtliche Gesetzgebung eines Volks gegründet seyn muß — ist die **republikanische** *). Diese ist

---

*) Rechtliche (mithin äußere) Freyheit kann nicht, wie man wohl zu thun pflegt, durch die Befugnis definirt werden: „alles zu thun, was man will, wenn man nur Keinem Unrecht thut." Denn was heißt **Befugnis**? Die Möglichkeit einer Handlung, so fern man dadurch Keinem Unrecht thut. Also würde die Erklärung einer Befugnis so lauten:

ist also, was das Recht betrifft, an sich selbst diejenige, welche allen Arten der bürgerlichen

Con-

lauten: "Man thut Keinem Unrecht (man mag auch thun, was man will), wenn man nur Keinem Unrecht thut:" folglich ist es leere Tautologie. — Vielmehr ist meine äußere (rechtliche) Freyheit so zu erklären: sie ist die Befugnis, keinen äußeren Gesetzen zu gehorchen, als zu denen ich meine Beystimmung habe geben können. — Eben so ist äußere (rechtliche) **Gleichheit** in einem Staate dasjenige Verhältniß der Staatsbürger, nach welchem Keiner den andern wozu rechtlich verbinden kann, ohne daß er sich zugleich dem Gesetz unterwirft, von diesem wechselseitig auf dieselbe Art auch verbunden werden zu können. (Vom Princip der **rechtlichen Abhängigkeit**, da dieses schon in dem Begriffe einer Staatsverfassung überhaupt liegt, bedarf es keiner Erklärung). — Die Gültigkeit dieser angebohrnen, zur Menschheit nothwendig gehörenden und unveräußerlichen Rechte wird durch das Princip der rechtlichen Verhältnisse des Menschen selbst zu höheren Wesen (wenn er sich solche denkt) bestätigt und erhoben, indem er sich nach eben denselben Grundsätzen auch als Staatsbürger einer übersinnlichen Welt vorstellt. — Denn, was meine Freyheit betrifft, so habe ich, selbst in Ansehung der göttlichen, von mir durch bloße Vernunft erkennbaren Gesetze, keine Verbindlichkeit, als nur so fern ich dazu selber habe meine Beystimmung geben können (denn durchs Freyheits-

gesetz

Constitution ursprünglich zum Grunde liegt; und nun ist nur die Frage: ob sie auch die einzige ist, die zum ewigen Frieden hinführen kann?

Nun gesetz meiner eigenen Vernunft mache ich mir allererst einen Begriff vom göttlichen Willen). Was in Ansehung des erhabensten Weltwesens außer Gott, welches ich mir etwa denken möchte (einen großen Aeon·), das Princip der **Gleichheit** betrifft, so ist kein Grund da, warum ich, wenn ich in meinem Posten meine Pflicht thue, wie jener Aeon es in dem seinigen, mir bloß die Pflicht zu gehorchen, jenem aber das Recht zu befehlen zukommen solle. — Daß dieses Princip der **Gleichheit** nicht (so wie das der Freyheit) auch auf das Verhältnis zu Gott paßt, davon ist der Grund dieser, weil dieses Wesen das einzige ist, bey dem der Pflichtbegriff aufhört.

Was aber das Recht der Gleichheit aller **Staatsbürger**, als Unterthanen, betrifft, so kommt es in Beantwortung der Frage von der Zuläßigkeit des **Erbadels** allein darauf an: „ob der vom Staat zugestandene Rang (eines Unterthans vor dem andern) vor dem Verdienst, oder dieses vor jenem vorhergehen müsse." — Nun ist offenbar: daß, wenn der Rang mit der Geburt verbunden wird, es ganz ungewiß ist, ob das Verdienst (Amtsgeschicklichkeit und Amtstreue) auch folgen werde; mithin ist es eben

Nun hat aber die republikanische Verfassung, außer der Lauterkeit ihres Ursprungs, aus dem reinen Quell des Rechtsbegriffs entsprungen zu seyn, noch die Aussicht in die gewünschte Folge, nämlich den ewigen Frieden; wovon der Grund dieser ist. — Wenn (wie es in dieser Verfassung nicht anders seyn kann) die Beystimmung der Staatsbürger dazu erfordert wird, um zu beschließen, „ob Krieg „seyn solle, oder nicht," so ist nichts natürlicher, als daß, da sie alle Drangsale des Krieges über sich selbst beschließen müßten (als da sind: selbst zu fechten; die Kosten des Krieges aus

eben so viel, als ob er ohne alles Verdienst dem Begünstigten zugestanden würde (Befehlshaber zu seyn); welches der allgemeine Volkswille in einem ursprünglichen Vertrage, (der doch das Princip aller Rechte ist) nie beschließen wird. Denn ein Edelmann ist darum nicht so fort ein edler Mann. — Was den Amtsadel (wie man den Rang einer höheren Magistratur nennen könnte, und den man sich durch Verdienste erwerben muß) betrifft, so klebt der Rang da nicht, als Eigenthum, an der Person, sondern am Posten, und die Gleichheit wird dadurch nicht verletzt; weil, wenn jene ihr Amt niederlegt, sie zugleich den Rang ablegt, und unter das Volk zurücktritt. —

aus ihrer eigenen Haabe herzugeben; die Verwüstung, die er hinter sich läßt, kümmerlich zu verbessern; zum Uebermaße des Uebels endlich noch eine, den Frieden selbst verbitternde, nie (wegen naher immer neuer Kriege) zu tilgende Schuldenlast selbst zu übernehmen), sie sich sehr bedenken werden, ein so schlimmes Spiel anzufangen: Da hingegen in einer Verfassung, wo der Unterthan nicht Staatsbürger, die also nicht republikanisch ist, es die unbedenklichste Sache von der Welt ist, weil das Oberhaupt nicht Staatsgenosse, sondern Staatseigenthümer ist, an seinen Tafeln, Jagden, Lustschlössern, Hoffesten u. d. gl. durch den Krieg nicht das Mindeste einbüßt, diesen also wie eine Art von Lustparthie aus unbedeutenden Ursachen beschließen, und der Anständigkeit wegen dem dazu allezeit fertigen diplomatischen Corps die Rechtfertigung desselben gleichgültig überlassen kann.

* * *

Damit man die republikanische Verfassung nicht (wie gemeiniglich geschieht) mit der demokratischen verwechsele, muß Folgendes bemerkt wer-

werden. Die Formen eines Staats (ciuitas) können entweder nach dem Unterschiede der Personen, welche die oberste Staatsgewalt inne haben, oder nach der Regierungsart des Volks durch sein Oberhaupt, er mag seyn welcher er wolle, eingetheilt werden; die erste heißt eigentlich die Form der Beherrschung (forma imperii), und es sind nur drey derselben möglich, wo nämlich entweder nur Einer, oder Einige unter sich verbunden, oder Alle zusammen, welche die bürgerliche Gesellschaft ausmachen, die Herrschergewalt besitzen (Autokratie, Aristokratie und Demokratie, Fürstengewalt, Adelsgewalt und Volksgewalt). Die zweyte ist die Form der Regierung (forma regiminis), und betrifft die auf die Constitution (den Akt des allgemeinen Willens, wodurch die Menge ein Volk wird) gegründete Art, wie der Staat von seiner Machtvollkommenheit Gebrauch macht: und ist in dieser Beziehung entweder republikanisch oder despotisch. Der Republikanism ist das Staatsprincip der Absonderung der ausführenden Gewalt (der Regierung) von der Gesetzgebenden; der Despotism ist das der eigenmächtigen Vollziehung des Staats von Gesetzen, die er selbst gegeben hat, mithin der öffentliche Wille, sofern er von dem Regenten als sein Privatwille gehandhabt wird. — Unter den drey Staatsformen ist die der Demokratie, im eigentlichen Verstande des Worts, nothwendig ein Despotism, weil sie eine exekutive Gewalt gründet, da alle über und allenfalls auch wider Einen (der also nicht mit einstimmt), mithin Alle, die doch nicht Alle sind, beschließen; welches ein Widerspruch des allgemeinen Willens mit sich selbst und mit der Freyheit ist.

Alle Regierungsform nämlich, die nicht repräsentativ ist, ist eigentlich eine Unform, weil der Gesetzgeber in einer und derselben Person zugleich Vollstrecker seines Willens (so wenig, wie das Allgemeine des Obersatzes in einem Vernunftschlusse zugleich die Subsumtion des Besondern unter jenem im Untersatze) seyn kann, und, wenn gleich die zwey andern Staatsverfassungen so fern immer fehlerhaft sind, daß sie einer solchen Regierungsart Raum geben, so ist es bey ihnen doch wenigstens möglich, daß sie eine dem Geiste eines

eines repräsentativen Systems gemäße Regierungsart annähmen, wie etwa Friedrich II. wenigstens sagte: er sey bloß der oberste Diener des Staats*), da hingegen die demokratische es unmöglich macht, weil Alles da Herr seyn will. — Man kann daher sagen: je kleiner das Personale der Staatsgewalt (die Zahl der Herrscher), je größer dagegen die Repräsentation derselben, desto mehr stimmt die Staatsverfassung zur Möglichkeit des Republikanism, und sie kann hoffen, durch allmähliche Reformen sich dazu endlich zu erheben. Aus diesem Grunde

*) Man hat die hohe Benennungen, die einem Beherrscher oft beygelegt werden (die eines göttlichen Gesalbten, eines Verwesers des göttlichen Willens auf Erden und Stellvertreters desselben), als grobe, schwindlich machende Schmeicheleyen oft getadelt; aber mich dünkt, ohne Grund. — Weit gefehlt, daß sie den Landesherrn sollten hochmüthig machen, so müssen sie ihn vielmehr in seiner Seele demüthigen, wenn er Verstand hat (welches man doch voraussetzen muß), und es bedenkt, daß er ein Amt übernommen habe, was für einen Menschen zu groß ist, nämlich das Heiligste, was Gott auf Erden hat, das Recht der Menschen zu verwalten, und diesem Augapfel Gottes irgend worinn zu nahe getreten zu seyn, jederzeit in Besorgnis stehen muß.

Grunde ist es in der Aristokratie schon schwerer, als in der Monarchie, in der Demokratie aber unmöglich anders, als durch gewaltsame Revolution zu dieser einzigen vollkommen rechtlichen Verfassung zu gelangen. Es ist aber an der Regierungsart *) dem Volk ohne alle Vergleichung mehr gelegen, als an der Staatsform (wie-

*) Mallet du Pan rühmt in seiner genietönenden, aber hohlen und sachleeren Sprache: nach vieljähriger Erfahrung endlich zur Ueberzeugung von der Wahrheit des bekannten Spruchs des Pope gelangt zu seyn: „laß über die beste Regierung Narren streiten; die bestgeführte ist die beste." Wenn das soviel sagen soll: die am besten geführte Regierung ist am besten geführt, so hat er, nach Swifts Ausdruck, eine Nuß aufgebissen, die ihn mit einer Made belohnte; soll es aber bedeuten, sie sey auch die beste Regierungsart, d. i. Staatsverfassung, so ist es grundfalsch; denn Exempel von guten Regierungen beweisen nichts für die Regierungsart. — Wer hat wohl besser regiert als ein Titus und Markus Aurelius, und doch hinterließ der eine einen Domitian, der andere einen Commodus zu Nachfolgern; welches bey einer guten Staatsverfassung nicht hätte geschehen können, da ihre Untauglichkeit zu diesem Posten früh genug bekannt war, und die Macht des Beherrschers auch hinreichend war, um sie auszuschließen.

(wiewohl auch auf dieser ihre mehrere oder mindere Angemessenheit zu jenem Zwecke sehr viel ankommt). Zu jener aber, wenn sie dem Rechtsbegriffe gemäß seyn soll, gehört das repräsentative System, in welchem allein eine republikanische Regierungsart möglich, ohne welches sie (die Verfassung mag seyn welche sie wolle) despotisch und gewaltthätig ist. — Keine der alten so genannten Republiken hat dieses gekannt, und sie mußten sich darüber auch schlechterdings in den Despotism auflösen, der unter der Obergewalt eines Einzigen noch der erträglichste unter allen ist.

Zweyter Definitivartikel
zum ewigen Frieden.

Das Völkerrecht soll auf einen Föderalism freyer Staaten gegründet seyn.

Völker, als Staaten, können wie einzelne Menschen beurtheilt werden, die sich in ihrem Naturzustande (d. i. in der Unabhängigkeit von äußern Gesetzen) schon durch ihr Nebeneinanderseyn lädiren, und deren jeder, um seiner Sicherheit willen, von dem andern fordern kann und soll, mit ihm in eine, der bürgerlichen ähnliche, Verfassung zu treten, wo jedem sein Recht gesichert werden kann. Dies wäre ein Völkerbund, der aber gleichwohl kein Völkerstaat seyn müßte. Darinn aber wäre ein Widerspruch; weil ein jeder Staat das Verhältnis eines Oberen (Gesetzgebenden) zu einem Unteren (gehorchenden, nämlich dem Volk) enthält, viele Völker aber in einem Staat nur ein Volk ausmachen würden, welches (da wir hier das Recht der Völker gegen einander zu erwägen haben, so fern sie so viel verschiedene

Staaten

Staaten ausmachen, und nicht in einem Staat zusammenschmelzen sollen) der Voraussetzung widerspricht.

Gleichwie wir nun die Anhänglichkeit der Wilden an ihre gesetzlose Freyheit, sich lieber unaufhörlich zu balgen, als sich einem gesetzlichen, von ihnen selbst zu constituirenden, Zwange zu unterwerfen, mithin die tolle Freyheit der vernünftigen vorzuziehen, mit tiefer Verachtung ansehen, und als Rohigkeit, Ungeschliffenheit, und viehische Abwürdigung der Menschheit betrachten, so, sollte man denken, müßten gesittete Völker (jedes für sich zu einem Staat vereinigt) eilen, aus einem so verworfenen Zustande je eher desto lieber herauszukommen: Statt dessen aber setzt vielmehr jeder Staat seine Majestät (denn Volksmajestät ist ein ungereimter Ausdruck) gerade darin, gar keinem äußeren gesetzlichen Zwange unterworfen zu seyn, und der Glanz seines Oberhaupts besteht darin, daß ihm, ohne daß er sich eben selbst in Gefahr setzen darf, viele Tausende zu Gebot stehen, sich für eine Sache, die sie nichts angeht, auf-

aufopfern zu laſſen *), und der Unterſchied der europäiſchen Wilden von den amerikaniſchen beſteht hauptſächlich darin, daß, da manche Stämme der letzteren von ihren Feinden gänzlich ſind gegeſſen worden, die erſteren ihre Ueberwundene beſſer zu benutzen wiſſen, als ſie zu verſpeiſen, und lieber die Zahl ihrer Unterthanen, mithin auch die Menge der Werkzeuge zu noch ausgebreiteteren Kriegen durch ſie zu vermehren wiſſen.

Bey der Bösartigkeit der menſchlichen Natur, die ſich im freyen Verhältnis der Völker unverholen blicken läßt (indeſſen daß ſie im bürgerlich-geſetzlichen Zuſtande durch den Zwang der Regierung ſich ſehr verſchleyert), iſt es doch ſehr zu verwundern, daß das Wort Recht aus der Kriegspolitik noch nicht als pedantiſch ganz hat verwieſen werden können, und ſich noch kein Staat erkühnet hat, ſich für die letztere

---

*) So gab ein bulgariſcher Fürſt dem griechiſchen Kayſer, der gutmüthigerweiſe ſeinen Streit mit ihm durch einen Zweykampf ausmachen wollte, zur Antwort: „Ein Schmidt, der Zangen hat, wird das glühende Eiſen aus den Kohlen nicht mit ſeinen Händen herauslangen."

tere Meynung öffentlich zu erklären; denn noch werden Hugo Grotius, Puffendorf, Vattell u. a. m. (lauter leidige Tröster), obgleich ihr Coder, philosophisch oder diplomatisch abgefaßt, nicht die mindeste gesetzliche Kraft hat, oder auch nur haben kann (weil Staaten als solche nicht unter einem gemeinschaftlichen äußeren Zwange stehen), immer treuherzig zur Rechtfertigung eines Kriegsangriffs angeführt, ohne daß es ein Beyspiel giebt, daß jemals ein Staat durch mit Zeugnissen so wichtiger Männer bewaffnete Argumente wäre bewogen worden, von seinem Vorhaben abzustehen. — Diese Huldigung, die jeder Staat dem Rechtsbegriffe (wenigstens den Worten nach) leistet, beweist doch, daß eine noch größere, ob zwar zur Zeit schlummernde, moralische Anlage im Menschen anzutreffen sey, über das böse Princip in ihm (was er nicht ableugnen kann) doch einmal Meister zu werden, und dies auch von andern zu hoffen; denn sonst würde das Wort Recht den Staaten, die sich einander befehden wollen, nie in den Mund kommen, es sey denn, bloß um seinen Spott damit zu treiben, wie jener gallische Fürst es erklärte:

klärte: „Es ist der Vorzug, den die Natur dem Stärkern über den Schwächern gegeben hat, daß dieser ihm gehorchen soll."

Da die Art, wie Staaten ihr Recht verfolgen, nie, wie bey einem äußern Gerichtshofe, der Proceß, sondern nur der Krieg seyn kann, durch diesen aber und seinen günstigen Ausschlag, den Sieg, das Recht nicht entschieden wird, und durch den Friedensvertrag zwar wohl dem diesmaligen Kriege, aber nicht dem Kriegszustande (immer zu einem neuen Vorwand zu finden) ein Ende gemacht wird (den man auch nicht geradezu für ungerecht erklären kann, weil in diesem Zustande jeder in seiner eigenen Sache Richter ist), gleichwohl aber von Staaten, nach dem Völkerrecht, nicht eben das gelten kann, was von Menschen im gesetzlosen Zustande nach dem Naturrecht gilt, „aus diesem Zustande herausgehen zu sollen" (weil sie, als Staaten, innerlich schon eine rechtliche Verfassung haben, und also dem Zwange anderer, sie nach ihren Rechtsbegriffen unter eine erweiterte gesetzliche Verfassung zu bringen, entwachsen sind), indessen daß doch die Vernunft vom Throne der höchsten moralisch gesetzgebenden
Gewalt

Gewalt herab, den Krieg als Rechtsgang schlechterdings verdammt, den Friedenszustand dagegen zur unmittelbaren Pflicht macht welcher doch, ohne einen Vertrag der Völker unter sich, nicht gestiftet oder gesichert werden kann: — so muß es einen Bund von besonderer Art geben, den man den Friedens-bund (foedus pacificum) nennen kann, der vom Friedensvertrag (pactum pacis) darin unterschieden seyn würde, daß dieser bloß einen Krieg, jener aber alle Kriege auf immer zu endigen suchte. Dieser Bund geht auf keinen Erwerb irgend einer Macht des Staats, sondern lediglich auf Erhaltung und Sicherung der Freyheit eines Staats, für sich selbst und zugleich anderer verbündeten Staaten, ohne daß diese doch sich deshalb (wie Menschen im Naturzustande) öffentlichen Gesetzen, und einem Zwange unter denselben, unterwerfen dürfen. — Die Ausführbarkeit (objective Realität) dieser Idee der Föderalität, die sich allmählig über alle Staaten erstrecken soll, und so zum ewigen Frieden hinführt, läßt sich darstellen. Denn wenn das Glück es so fügt: daß ein mächtiges und aufgeklärtes Volk sich zu einer Republik (die ihrer Natur nach zum ewigen Frieden geneigt seyn muß) bilden kann, so giebt diese einen Mittelpunkt der föderativen Vereinigung für andere Staaten ab, um sich an sie anzuschließen, und so den Freyheitszustand der Staaten, gemäß der Idee des Völkerrechts, zu sichern, und sich durch mehrere Verbindungen dieser Art nach und nach immer weiter auszubreiten.

Daß ein Volk sagt: "es soll unter uns kein Krieg seyn; denn wir wollen uns in einen Staat formiren, d. i. uns selbst eine oberste gesetzgebende, regierende und richtende Gewalt setzen, die unsere Streitigkeiten friedlich ausgleicht" — das läßt sich verstehen. — — Wenn aber dieser Staat sagt: "es soll kein Krieg zwischen mir und andern Staaten seyn, obgleich ich keine oberste gesetzgebende Gewalt erkenne, die mir mein, und der ich ihr Recht sichere," so ist es gar nicht zu verstehen, worauf ich dann das Vertrauen zu meinem Rechte gründen wolle, wenn es nicht das Surrogat des bürgerlichen Gesellschaftbundes, nämlich der freye Föderalism ist, den die Vernunft mit dem Begriffe
des

des Völkerrechts nothwendig verbinden muß, wenn überall etwas dabey zu denken übrig bleiben soll.

Bey dem Begriffe des Völkerrechts, als eines Rechts zum Kriege, läßt sich eigentlich gar nichts denken (weil es ein Recht seyn soll, nicht nach allgemein gültigen äußern, die Freyheit jedes Einzelnen einschränkenden Gesetzen, sondern nach einseitigen Maximen durch Gewalt, was Recht sey, zu bestimmen), es müßte denn darunter verstanden werden: daß Menschen, die so gesinnet sind, ganz recht geschieht, wenn sie sich unter einander aufreiben, und also den ewigen Frieden in dem weiten Grabe finden, das alle Gräuel der Gewaltthätigkeit sammt ihren Urhebern bedeckt. — Für Staaten, im Verhältnisse unter einander, kann es nach der Vernunft keine andere Art geben, aus dem gesetzlosen Zustande, der lauter Krieg enthält, herauszukommen, als daß sie, eben so wie einzelne Menschen, ihre wilde (gesetzlose) Freyheit aufgeben, sich zu öffentlichen Zwangsgesetzen bequemen, und so einen (freylich immer wachsenden) Völkerstaat (ciuitas gentium), der zuletzt alle Völker der Erde befassen würde, bilden. Da sie dieses aber nach ihrer Idee vom Völkerrecht durchaus nicht wollen, mithin, was in thesi richtig ist, in hypothesi verwerfen, so kann an die Stelle der positiven Idee einer **Weltrepublik** (wenn nicht alles verlohren werden soll) nur das **negative** Surrogat eines den Krieg abwehrenden, bestehenden, und sich immer ausbreitenden **Bundes**, den Strom der rechtscheuenden, feindseligen Neigung aufhalten, doch mit beständiger Gefahr ihres Ausbruchs (Furor impius intus fremit horridus ore cruento. Virgil.)*).

*) Nach einem beendigten Kriege, beym Friedensschlusse, möchte es wohl für ein Volk nicht unschicklich seyn, daß nach dem Dankfeste ein Bußtag ausgeschrieben würde, den Himmel, im Namen des Staats, um Gnade für die große Versündigung anzurufen, die das menschliche Geschlecht sich noch immer zu Schulden kommen läßt, sich keiner gesetzlichen Verfassung, im Verhältnis auf andere Völker, fügen zu wollen, sondern stolz auf seine Unabhängigkeit lieber das barbarische Mittel des Krieges (wodurch doch das, was gesucht wird, nämlich das Recht eines jeden Staats nicht ausgemacht wird) zu gebrauchen. — Die Dankfeste während dem Kriege über einen erfochtenen **Sieg**, die Hymnen, die
(auf

auf gut israelitisch) dem **Herrn der Heerschaa-
ren** gesungen werden, stehen mit der moralischen
Idee des Vaters der Menschen in nicht minder starkem Contrast; weil sie außer der Gleichgültigkeit
wegen der Art, wie Völker ihr gegenseitiges Recht
suchen (die traurig genug ist), noch eine Freude hin-
einbringen, recht viel Menschen, oder ihr Glück zer-
nichtet zu haben.

Dritter Definitivartikel
zum ewigen Frieden.

„Das **Weltbürgerrecht** soll auf Bedingungen der allgemeinen Hospitalität eingeschränkt seyn."

Es ist hier, wie in den vorigen Artikeln, nicht von Philanthrophie, sondern vom Recht die Rede, und da bedeutet Hospitalität (Wirthbarkeit) das Recht eines Fremdlings, seiner Ankunft auf dem Boden eines andern wegen, von diesem nicht feindselig behandelt zu werden. Dieser kann ihn abweisen, wenn es ohne seinen Untergang geschehen kann; so lange er aber auf seinem Platz sich friedlich verhält, ihm nicht feindlich begegnen. Es ist kein Gastrecht, worauf dieser Anspruch machen kann (wozu ein besonderer wohlthätiger Vertrag erfordert werden würde, ihn auf eine gewisse Zeit zum Hausgenossen zu machen), sondern ein **Besuchsrecht**, welches allen Menschen zusteht, sich zur Gesellschaft anzubieten, vermöge des Rechts des gemeinschaftlichen Besitzes der Oberfläche der Erde,

Erde, auf der, als Kugelfläche, sie sich nicht ins Unendliche zerstreuen können, sondern endlich sich doch neben einander dulden zu müssen, ursprünglich aber niemand an einem Orte der Erde zu seyn, mehr Recht hat, als der Andere. — Unbewohnbare Theile dieser Oberfläche, das Meer und die Sandwüsten, trennen diese Gemeinschaft, doch so, daß das Schiff, oder das Kameel (das Schiff der Wüste) es möglich machen, über diese herrenlose Gegenden sich einander zu nähern, und das Recht der Oberfläche, welches der Menschengattung gemeinschaftlich zukommt, zu einem möglichen Verkehr zu benutzen. Die Unwirthbarkeit der Seeküsten (z. B. der Barbaresken), Schiffe in nahen Meeren zu rauben, oder gestrandete Schiffsleute zu Sklaven zu machen, oder die der Sandwüsten (der arabischen Beduinen), die Annäherung zu den nomadischen Stämmen als ein Recht anzusehen, sie zu plündern, ist also dem Naturrecht zuwider, welches Hospitalitätsrecht aber, d. i. die Befugnis der fremden Ankömmlinge, sich nicht weiter erstreckt, als auf die Bedingungen der Möglichkeit, einen Verkehr mit den alten Einwohnern zu versuchen. — Auf diese

Art können entfernte Welttheile mit einander friedlich in Verhältnisse kommen, die zuletzt öffentlich gesetzlich werden, und so das menschliche Geschlecht endlich einer weltbürgerlichen Verfassung immer näher bringen können.

Vergleicht man hiemit das **inhospitale** Betragen der gesitteten, vornehmlich handeltreibenden Staaten unseres Welttheils, so geht die Ungerechtigkeit, die sie in dem **Besuche** fremder Länder und Völker (welches ihnen mit dem **Erobern** derselben für einerley gilt) beweisen, bis zum Erschrecken weit. Amerika, die Negerländer, die Gewürzinseln, das Kap ꝛc. waren, bey ihrer Entdeckung, für sie Länder, die keinem angehörten; denn die Einwohner rechneten sie für nichts. In Ostindien (Hindustan) brachten sie, unter dem Vorwande blos beabsichtigter Handelsniederlagen, fremde Kriegesvölker hinein, mit ihnen aber Unterdrückung der Eingebohrnen, Aufwiegelung der verschiedenen Staaten desselben zu weit ausgebreiteten Kriegen, Hungersnoth, Aufruhr, Treulosigkeit, und wie die Litaney aller Uebel, die das menschliche Geschlecht drücken, weiter lauten mag.

China

China *) und Japan (Nipon), die den
Versuch mit solchen Gästen gemacht hatten, haben

*) Um dieses große Reich mit dem Namen, womit es
sich selbst benennt, zu schreiben (nämlich China,
nicht Sina, oder einen diesem ähnlichen Laut), darf
man nur Georgii Alphab. Tibet. pag. 651 - 654,
vornehmlich Nota b unten, nachsehen. — Eigentlich führt es, nach des Petersb. Prof. Fischer Be-
merkung, keinen bestimmten Namen, womit es sich
selbst benennt; der gewöhnlichste ist noch der des
Worts Kin, nämlich Gold (welches die Tibetaner mit
Ser ausdrücken), daher der Kayser König des Gol-
des (des herrlichsten Landes von der Welt) genannt
wird, welches Wort wohl im Reiche selbst wie Chin
lauten, aber von den italiänischen Missionarien (des
Gutturalbuchstabens wegen), wie Kin ausgesprochen
seyn mag. — Hieraus ersieht man dann, daß das
von den Römern so genannte Land der Serer China war, die Seide aber über Groß-Tibet (vermuthlich durch Klein-Tibet und die Bucharey
über Persien, so weiter) nach Europa gefördert worden, welches zu manchen Betrachtungen über das
Alterthum dieses erstaunlichen Staats, in Vergleichung mit dem von Hindustan, bey der Verknüpfung
mit Tibet, und, durch dieses, mit Japan, hinlei-
tet; indessen daß der Nahme Sina oder Tschina, den
die Nachbaren diesem Lande geben sollen, zu nichts
hinführt. — — Vielleicht läßt sich auch die uralte,
ob zwar nie recht bekannt gewordene Gemeinschaft
Eu-

ben baher weislich, jenes zwar den Zugang,
aber nicht den Eingang, dieses auch den ersteren
nur

Europens mit Tibet aus dem, was uns Hesy-
chius hievon aufbehalten hat, nämlich dem Zu-
ruf Κονξ Ομπαξ (Konx Ompax) des Hierophanten
in den Eleusinischen Geheimnissen erklären (S. Reise
des jüngern Anacharsis, 5ter Theil, S. 447 u. f.) —
Denn nach Georgii Alph. Tibet. bedeutet das Wort
Concioa Gott, welches eine auffallende Aehnlich-
keit mit Konx hat. Pah-cio. (ib. p. 520), welches
von den Griechen leicht wie pax ausgesprochen werden konnte, promulgator legis, die durch die ganze
Natur vertheilte Gottheit (auch Cenresi genannt,
p. 177.) — Om aber, welches La Croze durch
benedictus, gesegnet, übersetzt, kann, auf die
Gottheit angewandt, wohl nichts anders als den Se-
liggepriesenen bedeuten, p. 507. Da nun P.
Franz Horatius von den Tibetanischen Lhama's,
die er oft befrug, was sie unter Gott (Concioa) ver-
ständen, jederzeit die Antwort bekam: „es ist die
Versammlung aller Heiligen" (d. i. der
seligen durch die Lamaische Wiedergeburt, nach vielen Wanderungen durch allerley Körper, endlich in
die Gottheit zurückgekehrten, in Burchane, d. i.
anbetungswürdige Wesen, verwandelten Seelen
(p. 223), so wird jenes geheimnisvolle Wort, Konx
Ompax, wohl das heilige)Konx), selige (Om)
und weise (Pax), durch die Welt überall verbrei-
tete höchste Wesen (die personificirte Natur) bedeuten
sollen,

nur einem einzigen europäischen Volk, den Holländern, erlaubt, die sie aber doch dabey, wie Gefangene, von der Gemeinschaft mit den Eingebohrnen ausschließen. Das Aergste hiebey (oder, aus dem Standpunkte eines moralischen Richters betrachtet, das Beste) ist, daß sie dieser Gewaltthätigkeit nicht einmal froh werden, daß alle diese Handlungsgesellschaften auf dem Punkte des nahen Umsturzes stehen, daß die Zuckerinseln, dieser Sitz der allergrausamsten und ausgedachtesten Sklaverey, keinen wahren Ertrag abwerfen, sondern nur mittelbar, und zwar zu einer nicht sehr löblichen Absicht, nämlich zu Bildung der Matrosen für Kriegsflotten, und also wieder zu Führung der Kriege in Europa dienen, und dieses möchten, die von der Fröm-

> sollen, und in den griechischen Mysterien gebraucht, wohl den Monotheism für die Epopten, im Gegensatz mit dem Polytheism des Volks angedeutet haben; obwohl P. Horatius (a. a. O.) hierunter einen Atheism witterte. — Wie aber jenes geheimnisvolle Wort über die Tibet zu den Griechen gekommen, läßt sich auf obige Art erklären und umgekehrt dadurch auch das frühe Verkehr Europens mit China über Tibet (vielleicht eher noch als mit Hindustan) wahrscheinlich machen.

Frömmigkeit viel Werks machen, und, indem sie Unrecht wie Wasser trinken, sich in der Rechtgläubigkeit für Auserwählte gehalten wissen wollen.

Da es nun mit der unter den Völkern der Erde einmal durchgängig überhand genommenen (engeren oder weiteren) Gemeinschaft so weit gekommen ist, daß die Rechtsverletzung an einem Platz der Erde an allen gefühlt wird: so ist die Idee eines Weltbürgerrechts keine phantastische und überspannte Vorstellungsart des Rechts, sondern eine nothwendige Ergänzung des ungeschriebenen Codex, sowohl des Staats- als Völkerrechts zum öffentlichen Menschenrechte überhaupt, und so zum ewigen Frieden, zu dem man sich in der continuirlichen Annäherung zu befinden, nur unter dieser Bedingung schmeicheln darf.

Zusatz.

Zusatz.

Von der Garantie des ewigen Friedens.

Das, was diese Gewähr (Garantie) leistet, ist nichts Geringeres, als die große Künstlerin, Natur (natura daedala rerum), aus deren mechanischem Laufe sichtbarlich Zweckmäßigkeit hervorleuchtet, durch die Zwietracht der Menschen Eintracht selbst wider ihren Willen emporkommen zu lassen, und darum, gleich als Nöthigung einer ihren Wirkungsgesetzen nach uns unbekannten Ursache, Schicksal, bey Erwägung aber ihrer Zweckmäßigkeit im Laufe der Welt, als tiefliegende Weisheit einer höheren, auf den objectiven Endzweck des menschlichen Geschlechts gerichteten, und diesen Weltlauf prädeterminirenden Ursache Vorsehung *)

ge=

---

*) Im Mechanism der Natur, wozu der Mensch (als Sinnenwesen) mit gehört, zeigt sich eine ihrer Existenz schon zum Grunde liegende Form, die wir uns nicht anders begreiflich machen können, als indem wir ihr den Zweck eines sie vorher bestimmenden Welturhebers unterlegen, dessen Vorherbestimmung wir genannt wird, die wir zwar eigentlich nicht als diesen Kunstanstalten der Natur erkennen, oder

wir die (göttliche) Vorsehung überhaupt, und, sofern sie in den Anfang der Welt gelegt wird, die **gründende** (prouidentia conditrix; semel iussit, semper parent, Augustin.), im Laufe der Natur aber diesen nach allgemeinen Gesetzen der Zweckmäßigkeit zu erhalten, die **waltende Vorsehung** (prouidentia gubernatrix), ferner zu besonderen, aber von dem Menschen nicht vorherzusehenden, sondern nur aus dem Erfolg vermutheten Zwecken, die **leitende** (prouidentia directrix), endlich sogar in Ansehung einzelner Begebenheiten, als göttlicher Zwecke, nicht mehr Vorsehung, sondern **Fügung** directio extraordinaria) nennen, welche aber (da sie in der That auf Wunder hinweiset, obgleich die Begebenheiten nicht so genannt werden) als solche erkennen zu wollen, thörigte Vermessenheit des Menschen ist; weil aus einer einzelnen Begebenheit auf ein besonderes Princip der wirkenden Ursache (daß diese Begebenheit Zweck, und nicht bloß naturmechanische Nebenfolge aus einem anderen uns ganz unbekannten Zwecke sey) zu schließen ungereimt und voll Eigendünkel ist, so fromm und demüthig auch die Sprache hierüber lauten mag. — Eben so ist auch die Eintheilung der Vorsehung (materialiter betrachtet), wie sie auf Gegenstände in der Welt geht, in die allgemeine und besondere, falsch und sich selbst widersprechend (daß sie z. B. zwar eine

Vor-

oder auch nur daraus auf sie schließen, sondern (wie in aller Beziehung der Form der Dinge

Vorsorge zur Erhaltung der Gattungen der Geschöpfe
sey, die Individuen aber dem Zufall überlasse);
denn sie wird eben in der Absicht allgemein genannt,
damit kein einziges Ding als davon ausgenommen gedacht werde. — Vermuthlich hat man hier die
Eintheilung der Vorsehung (formaliter betrachtet) nach der Art der Ausführung ihrer Absicht ge-
meynt: nämlich in ordentliche (z. B. das jährliche
Sterben und Wiederaufleben der Natur nach dem
Wechsel der Jahreszeiten) und außerordentli-
che (z. B. die Zuführung des Holzes an die Eisküsten, das da nicht wachsen kann, durch die Meerströ-
me, für die dortigen Einwohner, die ohne das nicht
leben konnten), wo, ob wir gleich die physisch-mecha-
nische Ursache dieser Erscheinungen uns gut erklären
können (z. B. durch die mit Holz bewachsene Ufer der
Flüsse der temperirten Länder, in welche jene Bäu-
me hineinfallen, und etwa durch den Gulfstrom weiter verschleppt werden), wir dennoch auch die teleologi-
sche nicht übersehen müssen, die auf die Vorsorge
einer über die Natur gebietenden Weisheit hinweiset. — Nur was den in den Schulen gebräuchlichen
Begriff eines göttlichen Beytritts, oder Mitwir-
kung (concursus) zu einer Wirkung in der Sinnen-
welt betrifft, so muß dieser wegfallen. Denn das
Ungleichartige paaren wollen (gryphes jungere equis)
und den, der selbst die vollständige Ursache der Welt-
ver-

ge auf Zwecke überhaupt) nur hinzudenken
können und müssen, um uns von ihrer Möglichkeit,

veränderungen ist, seine eigene prädeterminirende
Vorsehung während dem Weltlaufe ergänzen zu
lassen (die also mangelhaft gewesen seyn müßte), z. B.
zu sagen, daß nächst Gott der Arzt den Kranken
zurecht gebracht habe, also als Beystand dabey gewesen sey, ist Erstlich an sich widersprechend.
Denn causa solitaria non iuuat. Gott ist der Urhe-
ber des Arztes sammt allen seinen Heilmitteln, und
so muß ihm, wenn man ja bis zum höchsten, uns
theoretisch unbegreiflichen Urgrunde hinaufsteigen
will, die Wirkung ganz zugeschrieben werden. Oder
man kann sie auch ganz dem Arzt zuschreiben, so
fern wir diese Begebenheit als nach der Ordnung
der Natur erklärbar in der Kette der Weltursachen
verfolgen. Zweytens bringt eine solche Denkungsart auch um alle bestimmte Principien der Beurtheilung eines Effekts. Aber in moralisch-prakti-
scher Absicht (die also ganz aufs Uebersinnliche gerichtet ist), z. B. in dem Glauben, daß Gott den
Mangel unserer eigenen Gerechtigkeit, wenn nur
unsere Gesinnung ächt war, auch durch uns unbe-
greifliche Mittel ergänzen werde, wir also in der
Bestrebung zum Guten nichts nachlassen sollen, ist
der Begriff des göttlichen Concursus ganz schicklich
und sogar nothwendig; wobey es sich aber von selbst
versteht, daß niemand eine gute Handlung (als Begebenheit in der Welt) hieraus zu erklären versuchen

lichkeit, nach der Analogie menschlicher Kunsthandlungen, einen Begriff zu machen, deren Verhältnis und Zusammenstimmung aber zu dem Zwecke, den uns die Vernunft unmittelbar vorschreibt (dem moralischen), sich vorzustellen, eine Idee ist, die zwar in **theoretischer** Absicht überschwenglich, in praktischer aber (z. B. in Ansehung des Pflichtbegriffs **vom ewigen Frieden,** um jenen Mechanism der Natur dazu zu benutzen) dogmatisch und ihrer Realität nach wohl gegründet ist. — Der Gebrauch des Worts Natur ist auch, wenn es, wie hier, bloß um Theorie (nicht um Religion) zu thun ist, schicklicher für die Schranken der menschlichen Vernunft (als die sich in Ansehung des Verhältnisses der Wirkungen zu ihren Ursachen, innerhalb den Grenzen möglicher Erfahrung halten muß), und **bescheidener,** als der Ausdruck einer für uns erkennbaren Vorsehung, mit dem man sich vermessenerweise ikarische Flügel ansetzt, um dem Geheimnis ihrer unergründlichen Absicht näher zu kommen.

suchen muß, welches ein vergebliches theoretisches Erkenntnis des Uebersinnlichen, mithin ungereimt ist

Ehe wir nun diese Gewährleistung näher bestimmen, wird es nöthig seyn, vorher den Zustand nachzusuchen, den die Natur für die auf ihrem großen Schauplatz handelnde Personen veranstaltet hat, der ihre Friedenssicherung zuletzt nothwendig macht; — alsdann aber allererst die Art, wie sie diese leiste.

Ihre provisorische Veranstaltung besteht darin: daß sie 1) für die Menschen in allen Erdgegenden gesorgt hat, daselbst leben zu können; — 2) sie durch Krieg allerwärts hin, selbst in die unwirthbarste Gegenden, getrieben hat, um sie zu bevölkern; 3) — durch eben denselben sie in mehr oder weniger gesetzliche Verhältnisse zu treten genöthigt hat. — Daß in den kalten Wüsten am Eismeer noch das Moos wächst, welches das Rennthier unter dem Schnee hervorscharrt, um selbst die Nahrung, oder auch das Angespann des Ostiaken oder Samojeden zu seyn; oder daß die salzigten Sandwüsten doch noch dem Cameel, welches zu Bereisung derselben gleichsam geschaffen zu seyn scheint, um sie nicht unbenutzt zu lassen, enthalten, ist schon bewundernswürdig. Noch deutlicher aber leuchtet der Zweck hervor, wenn man

man gewahr wird, wie außer den bepelzten Thieren am Ufer des Eismeeres, noch Robben, Wallroße und Wallfische an ihrem Fleische Nahrung, und mit ihrem Thran Feurung für die dortigen Anwohner darreichen. Am meisten aber erregt die Vorsorge der Natur durch das Treibholz Bewunderung, was sie (ohne daß man recht weiß, wo es herkommt) diesen gewächslosen Gegenden zubringt, ohne welches Material sie weder ihre Fahrzeuge und Waffen, noch ihre Hütten zum Aufenthalt zurichten könnten; wo sie dann mit dem Kriege gegen die Thiere gnug zu thun haben, um unter sich friedlich zu leben. — — Was sie aber dahin getrieben hat, ist vermuthlich nichts anders als der Krieg gewesen. Das erste Kriegswerkzeug aber unter allen Thieren, die der Mensch, binnen der Zeit der Erdbevölkerung, zu zähmen und häuslich zu machen gelernt hatte, ist das Pferd (denn der Elephant gehört in die spätere Zeit, nämlich des Luxus schon errichteter Staaten), so wie die Kunst, gewisse, für uns jetzt, ihrer ursprünglichen Beschaffenheit nach, nicht mehr erkennbare Grasarten, Getraide genannt, anzubauen, ingleichen die Vervielfältigung und Verfeinerung der Obstarten durch Verpflanzung und Einpfropfung (vielleicht in Europa bloß zweyer Gattungen, der Holzäpfel und Holzbirnen), nur im Zustande schon errichteter Staaten, wo gesichertes Grundeigenthum statt fand, entstehen konnte, — nachdem die Menschen vorher in gesetzloser Freyheit von dem Jagd-*), Fischer- und Hirtenleben bis zum Ackerleben durchgedrungen waren, und nun Salz und Eisen erfunden ward, vielleicht die

*) Unter allen Lebensweisen ist das Jagdleben ohne Zweifel der gesitteten Verfassung am meisten zuwider; weil die Familien, die sich da vereinzelnen müssen, einander bald fremd und sonach in weitläuftigen Wäldern zerstreut, auch bald feindselig werden, da eine jede zu Erwerbung ihrer Nahrung und Kleidung viel Raum bedarf. — Das Noachische Blutverbot, 1 M. IX, 4-6. (welches, öfters wiederholt, nachher gar den neuangenommenen Christen aus dem Heidenthum, obzwar in anderer Rücksicht, von den Judenchristen zur Bedingung gemacht wurde, Apost. Gesch. XV, 20. XXI, 25—) scheint uranfänglich nichts anders, als das Verbot des Jägerslebens gewesen zu seyn; weil in diesem der Fall, das Fleisch roh zu essen, oft eintreten muß, mit dem letzteren also das erstere zugleich verboten wird.

die ersteren weit und breit gesuchten Artikel eines Handelsverkehrs verschiedener Völker wurden, wodurch sie zuerst in ein **friedliches Verhältnis** gegen einander, und so, selbst mit Entfernteren, in Einverständnis, Gemeinschaft und friedliches Verhältnis unter einander gebracht wurden.

Indem die Natur nun dafür gesorgt hat, daß Menschen allerwärts auf Erden leben **könnten**, so hat sie zugleich auch despotisch gewollt, daß sie allerwärts leben **sollten**, wenn gleich wider ihre Neigung, und selbst ohne daß dieses Sollen zugleich einen Pflichtbegriff voraussetzte, der sie hiezu, vermittelst eines moralischen Gesetzes, verbände, — sondern sie hat, zu diesem ihrem Zweck zu gelangen, den Krieg gewählt. — Wir sehen nämlich Völker, die an der Einheit ihrer Sprache die Einheit ihrer Abstammung kennbar machen, wie die Samojeden am Eismeer einerseits, und ein Volk von ähnlicher Sprache, zweyhundert Meilen davon entfernt, im Altaischen Gebirge andererseits, wozwischen sich ein anderes, nämlich mongalisches, berittenes und hiemit kriegerisches Volk, gedrängt, und so jenen Theil ihres Stammes, weit von diesem, in die unwirthbarsten Eisgegenden, versprengt hat, wo sie gewis nicht aus eigener Neigung sich hin verbreitet hätten*); — eben so die Finnen in der nordlichsten Gegend von Europa, Lappen genannt, von den jetzt eben so weit entferneten, aber der Sprache nach mit ihnen verwandten Ungern, durch dazwischen eingedrungne Gothische und Sarmatische Völker getrennt; und was kann wohl anders die Eskimos (vielleicht uralte Europäische Abentheurer, ein von allen Amerikanern ganz

---

*) Man könnte fragen: Wenn die Natur gewollt hat, diese Eisküsten sollten nicht unbewohnt bleiben, was wird aus ihren Bewohnern, wenn sie ihnen dereinst (wie zu erwarten ist) kein Treibholz mehr zuführete? Denn es ist zu glauben, daß, bey fortrückender Cultur, die Einsassen der temperirten Erdstriche das Holz, was an den Ufern ihrer Ströme wächst, besser benutzen, es nicht in die Ströme fallen, und so in die See wegschwemmen lassen werden. Ich antworte: Die Anwohner des Obstroms, des Jenisey, des Lena u. s. w. werden es ihnen durch Handel zuführen, und dafür die Produkte aus dem Thierreich, woran das Meer an den Eisküsten so reich ist, einhandeln; wenn sie (die Natur) nur allererst den Frieden unter ihnen erzwungen haben wird.

ganz unterschiedenes Geschlecht) in Norden, und die Pescheräs, im Süden von Amerika, bis zum Feuerlande hingetrieben haben, als der Krieg, dessen sich die Natur als Mittels bedient, die Erde allerwärts zu bevölkern. Der Krieg aber selbst bedarf keines besondern Bewegungsgrundes, sondern scheint auf die menschliche Natur gepfropft zu seyn, und sogar als etwas Edles, wozu der Mensch durch den Ehrtrieb, ohne eigennützige Triebfedern, beseelt wird, zu gelten: so, daß Kriegesmuth (von amerikanischen Wilden sowohl, als den europäischen, in den Ritterzeiten) nicht bloß wenn Krieg ist (wie billig), sondern auch, daß Krieg sey, von unmittelbarem großem Werth zu seyn geurtheilt wird, und er oft, bloß um jenen zu zeigen, angefangen, mithin in dem Kriege an sich selbst eine innere Würde gesetzt wird, sogar daß ihm auch wohl Philosophen, als einer gewissen Veredelung der Menschheit, eine Lobrede halten, uneingedenk des Ausspruchs jenes Griechen: „Der Krieg ist darin schlimm, daß er mehr böse Leute macht, als er deren wegnimmt." — So viel von dem, was die Natur für ihren eigenen Zweck, in Ansehung der Menschengattung als einer Thierklasse, thut.

Jetzt ist die Frage, die das Wesentliche der Absicht auf den ewigen Frieden betrifft: "Was die Natur in dieser Absicht, Beziehungsweise auf den Zweck, den dem Menschen seine eigene Vernunft zur Pflicht macht, mithin zu Begünstigung seiner moralischen Absicht thue, und wie sie die Gewähr leiste, daß dasjenige, was der Mensch nach Freyheitsgesetzen thun sollte, aber nicht thut, dieser Freyheit unbeschadet auch durch einen Zwang der Natur, daß er es thun werde, gesichert sey, und zwar nach allen drey Verhältnissen des öffentlichen Rechts, des Staats-, Völker- und weltbürgerlichen Rechts." — Wenn ich von der Natur sage: sie will, daß dieses oder jenes geschehe, so heißt das nicht soviel, als: sie legt uns eine Pflicht auf, es zu thun (denn das kann nur die zwangsfreye praktische Vernunft), sondern sie thut es selbst, wir mögen wollen oder nicht (fata volentem ducunt, nolentem trahunt).

1. Wenn ein Volk auch nicht durch innere Mishelligkeit genöthigt würde, sich unter den Zwang

Zwang öffentlicher Gesetze zu begeben, so würde es doch der Krieg von außen thun, indem, nach der vorher erwähnten Naturanstalt, ein jedes Volk ein anderes es drängende Volk zum Nachbar vor sich findet, gegen das es sich innerlich zu einem Staat bilden muß, um, als Macht, gegen diesen gerüstet zu seyn. Nun ist die republikanische Verfassung die einzige, welche dem Recht der Menschen vollkommen angemessen, aber auch die schwerste zu stiften, vielmehr aber noch zu erhalten ist, dermaßen, daß viele behaupten, es müsse ein Staat von Engeln seyn, weil Menschen mit ihren selbstsüchtigen Neigungen einer Verfassung von so sublimer Form nicht fähig wären. Aber nun kommt die Natur dem verehrten, aber zur Praxis ohnmächtigen allgemeinen, in der Vernunft gegründeten Willen, und zwar gerade durch jene selbstsüchtige Neigungen, zu Hülfe, so, daß es nur auf eine gute Organisation des Staats ankommt (die allerdings im Vermögen der Menschen ist), jener ihre Kräfte so gegen einander zu richten, daß eine die anderen in ihrer zerstöhrenden Wirkung aufhält, oder diese aufhebt: so daß der Erfolg für die Vernunft so

aus-

ausfällt, als wenn beyde gar nicht da wären, und so der Mensch, wenn gleich nicht ein moralisch-guter Mensch, dennoch ein guter Bürger zu seyn gezwungen wird. Das Problem der Staatserrichtung ist, so hart wie es auch klingt, selbst für ein Volk von Teufeln (wenn sie nur Verstand haben), auflösbar und lautet so: „Eine Menge von vernünftigen Wesen, die insgesammt allgemeine Gesetze für ihre Erhaltung verlangen, deren jedes aber in Geheim sich davon auszunehmen geneigt ist, so zu ordnen und ihre Verfassung einzurichten, daß, obgleich sie in ihren Privatgesinnungen einander entgegen streben, diese einander doch so aufhalten, daß in ihrem öffentlichen Verhalten der Erfolg eben derselbe ist, als ob sie keine solche böse Gesinnungen hätten." Ein solches Problem muß auflöslich seyn. Denn es ist nicht die moralische Besserung der Menschen, sondern nur der Mechanism der Natur, von dem die Aufgabe zu wissen verlangt, wie man ihn an Menschen benutzen könne, um den Widerstreit ihrer unfriedlichen Gesinnungen in einem Volk so zu richten, daß sie sich unter Zwangsgesetze zu begeben einander selbst nöthigen, und so den Friedensbenszustand, in welchem Geseße Kraft haben, herbeyführen müssen. Man kann dieses auch an den wirklich vorhandenen, noch sehr unvollkommen organisirten Staaten sehen, daß sie sich doch im äußeren Verhalten dem, was die Rechtsidee vorschreibt, schon sehr nähern, ob gleich das Innere der Moralität davon sicherlich nicht die Ursache ist (wie denn auch nicht von dieser die gute Staatsverfassung, sondern vielmehr umgekehrt, von der leßteren allererst die gute moralische Bildung eines Volks zu erwarten ist), mithin der Mechanism der Natur durch selbstsüchtige Neigungen, die natürlicherweise einander auch äußerlich entgegen wirken, von der Vernunft zu einem Mittel gebraucht werden kann, dieser ihrem eigenen Zweck, der rechtlichen Vorschrift, Raum zu machen, und hiemit auch, soviel an dem Staat selbst liegt, den inneren sowohl als äußeren Frieden zu befördern und zu sichern. — Hier heißt es also: Die Natur will unwiderstehlich, daß das Recht zuleßt die Obergewalt erhalte. Was man nun hier verabsäumt zu thun, das macht sich zuleßt selbst, obzwar mit viel Ungemächlichkeit. — "Biegt man das Rohr zu stark, so brichts;

und

und wer zu viel will, der will nichts." Bouterwek.

2. Die Idee des Völkerrechts setzt die Absonderung vieler von einander unabhängiger benachbarter Staaten voraus, und, obgleich ein solcher Zustand an sich schon ein Zustand des Krieges ist (wenn nicht eine föderative Vereinigung derselben dem Ausbruch der Feindseligkeiten vorbeugt); so ist doch selbst dieser, nach der Vernunftidee, besser als die Zusammenschmelzung derselben, durch eine die andere überwachsende, und in eine Universalmonarchie übergehende Macht; weil die Gesetze mit dem vergrößten Umfange der Regierung immer mehr an ihrem Nachdruck einbüßen, und ein seelenloser Despotism, nachdem er die Keime des Guten ausgerottet hat, zuletzt doch in Anarchie verfällt. Indessen ist dieses doch das Verlangen jedes Staats (oder seines Oberhaupts), auf diese Art sich in den dauernden Friedenszustand zu versetzen, daß er, wo möglich, die ganze Welt beherrscht. Aber die Natur will es anders. — Sie bedient sich zweyer Mittel, um Völker von der Vermischung abzuhalten und sie abzusondern, der Verschiedenheit der
Spra-

Sprachen und der Religionen*), die zwar den Hang zum wechselseitigen Hasse, und Vorwand zum Kriege bey sich führt, aber doch bey anwachsender Cultur und der allmähligen Annäherung der Menschen, zu größerer Einstimmung in Principien, zum Einverständnisse in einem Frieden leitet, der nicht, wie jener Despotism (auf dem Kirchhofe der Freyheit), durch Schwächung aller Kräfte, sondern durch ihr Gleichgewicht, im lebhaftesten Wetteifer derselben, hervorgebracht und gesichert wird.

3. So

---

*) Verschiedenheit der Religionen: ein wunderlicher Ausdruck! gerade, als ob man auch von verschiedenen Moralen spräche. Es kann wohl verschiedene Glaubensarten historischer, nicht in die Religion, sondern in die Geschichte der zu ihrer Beförderung gebrauchten, ins Feld der Gelehrsamkeit einschlagender Mittel und eben so verschiedene Religionsbücher (Zendavesta, Vedam, Koram u. s. w.) geben, aber nur eine einzige, für alle Menschen und in allen Zeiten gültige Religion. Jene also können wohl nichts anders als nur das Vehikel der Religion, was zufällig ist, und nach Verschiedenheit der Zeiten und Oerter verschieden seyn kann, enthalten.

3. So wie die Natur weislich die Völker trennt, welche der Wille jedes Staats, und zwar selbst nach Gründen des Völkerrechts, gern unter sich durch List oder Gewalt vereinigen möchte; so vereinigt sie auch andererseits Völker, die der Begriff des Weltbürgerrechts gegen Gewaltthätigkeit und Krieg nicht würde gesichert haben, durch den wechselseitigen Eigennutz. Es ist der **Handelsgeist**, der mit dem Kriege nicht zusammen bestehen kann, und der früher oder später sich jedes Volks bemächtigt. Weil nämlich unter allen, der Staatsmacht untergeordneten, Mächten (Mitteln), die **Geldmacht** wohl die zuverläßigste seyn möchte, so sehen sich Staaten (freylich wohl nicht eben durch Triebfedern der Moralität) gedrungen, den edlen Frieden zu befördern, und, wo auch immer in der Welt Krieg auszubrechen droht, ihn durch Vermittelungen abzuwehren, gleich als ob sie deshalb im beständigen Bündnisse ständen; denn große Vereinigungen zum Kriege können, der Natur der Sache nach, sich nur höchst selten zutragen, und noch seltener glücken. — Auf die Art garantirt die Natur, durch den Mechanism in den menschlichen

Nei-

Neigungen selbst, den ewigen Frieden; freylich mit einer Sicherheit, die nicht hinreichend ist, die Zukunft desselben (theoretisch) zu we i s s a - g e n, aber doch in praktischer Absicht zulangt, und es zur Pflicht macht, zu diesem (nicht bloß schimärischen) Zwecke hinzuarbeiten.

Anhang.

I.

Ueber die Mishelligkeit zwischen der Moral und der Politik, in Absicht auf den ewigen Frieden.

Die Moral ist schon an sich selbst eine Praxis in objectiver Bedeutung, als Inbegriff von unbedingt gebietenden Gesetzen, nach denen wir handeln sollen, und es ist offenbare Ungereimtheit, nachdem man diesem Pflichtbegriff seine Autorität zugestanden hat, noch sagen zu wollen, daß man es doch nicht könne. Denn alsdann fällt dieser Begriff aus der Moral von selbst weg (ultra posse nemo obligatur); mithin kann es keinen Streit der Politik, als ausübender Rechtslehre, mit der Moral, als einer sol-

solchen, aber theoretischen (mithin keinen Streit der Praxis mit der Theorie) geben: man müßte denn unter der letzteren eine allgemeine **Klugheitslehre**, d. i. eine Theorie der Maximen verstehen, zu seinen auf Vortheil berechneten Absichten die tauglichsten Mittel zu wählen, d. i. läugnen, daß es überhaupt eine Moral gebe.

Die Politik sagt: "**Seyd klug wie die Schlangen**;" die Moral setzt (als einschränkende Bedingung) hinzu: **und ohne Falsch wie die Tauben.**" Wenn beydes nicht in einem Gebote zusammen bestehen kann, so ist wirklich ein Streit der Politik mit der Moral; soll aber doch durchaus beydes vereinigt seyn, so ist der Begriff vom Gegentheil absurd, und die Frage, wie jener Streit auszugleichen sey, läßt sich gar nicht einmal als Aufgabe hinstellen. Obgleich der Satz: **Ehrlichkeit ist die beste Politik**, eine Theorie enthält, der die Praxis, leider! sehr häufig widerspricht: so ist doch der gleichfalls theoretische: **Ehrlichkeit ist besser denn alle Politik**, über allen Einwurf unendlich erhaben, ja die unumgängliche Bedingung der letzteren. Der

Grenzgott der Moral weicht nicht dem Jupiter (dem Grenzgott der Gewalt); denn dieser steht noch unter dem Schicksal, d. i. die Vernunft ist nicht erleuchtet genug, die Reihe der vorherbestimmenden Ursachen zu übersehen, die den glücklichen oder schlimmen Erfolg aus dem Thun und Lassen der Menschen, nach dem Mechanism der Natur, mit Sicherheit vorher verkündigen (obgleich ihn dem Wunsche gemäß hoffen) lassen. Was man aber zu thun habe, um im Gleise der Pflicht (nach Regeln der Weisheit) zu bleiben, dazu und hiemit zum Endzweck leuchtet sie uns überall hell genug vor.

Nun gründet aber der Praktiker (dem die Moral bloße Theorie ist) seine trostlose Absprechung unserer gutmüthigen Hoffnung (selbst bey eingeräumtem Sollen und Können) eigentlich darauf: daß er aus der Natur des Menschen vorher zu sehen vorgiebt, er werde dasjenige nie wollen, was erfordert wird, um jenen zum ewigen Frieden hinführenden Zweck zu Stande zu bringen. — Freylich ist das Wollen aller einzelnen Menschen, in einer gesetzlichen Verfassung nach Freyheitsprincipien zu leben (die distributive Einheit des Willens

lens Aller), zu diesem Zweck nicht hinreichend, sondern daß Alle zusammen diesen Zustand wollen (die collektive Einheit des vereinigten Willens), diese Auflösung einer schweren Aufgabe, wird noch dazu erfordert, damit ein Ganzes der bürgerlichen Gesellschaft werde, und, da also über diese Verschiedenheit des particularen Wollens Aller, noch eine vereinigende Ursache desselben hinzukommen muß, um einen gemeinschaftlichen Willen herauszubringen, welches Keiner von Allen vermag: so ist in der Ausführung jener Idee (in der Praxis) auf keinen andern Anfang des rechtlichen Zustandes zu rechnen, als den durch Gewalt, auf deren Zwang nachher das öffentliche Recht gegründet wird; welches dann freylich (da man ohnedem des Gesetzgebers moralische Gesinnung hiebey wenig in Anschlag bringen kann, er werde, nach geschehener Vereinigung der wüsten Menge in ein Volk, diesem es nur überlassen, eine rechtliche Verfassung durch ihren gemeinsamen Willen zu Stande zu bringen) große Abweichungen von jener Idee (der Theorie) in der wirklichen Erfahrung schon zum voraus erwarten läßt.

Da heißt es dann: wer einmal die Gewalt in Händen hat, wird sich vom Volk nicht Gesetze vorschreiben lassen. Ein Staat, der einmal im Besitz ist, unter keinen äußeren Gesetzen zu stehen, wird sich in Ansehung der Art, wie er gegen andere Staaten sein Recht suchen soll, nicht von ihrem Richterstuhl abhängig machen, und selbst ein Welttheil, wenn er sich einem andern, der ihm übrigens nicht im Wege ist, überlegen fühlt, wird das Mittel der Verstärkung seiner Macht, durch Beraubung oder gar Beherrschung desselben, nicht unbenutzt lassen; und so zerrinnen nun alle Plane der Theorie, für das Staats-, Völker- und Weltbürgerrecht, in sachleere unausführbare Ideale, dagegen eine Praxis, die auf empirische Principien der menschlichen Natur gegründet ist, welche es nicht für zu niedrig hält, aus der Art, wie es in der Welt zugeht, Belehrung für ihre Maximen zu ziehen, einen sicheren Grund für ihr Gebäude der Staatsklugheit zu finden allein hoffen könne.

Freylich, wenn es keine Freyheit und darauf gegründetes moralisches Gesetz giebt, sondern alles, was geschieht oder geschehen kann,
bloßer

bloßer Mechanism der Natur ist, so ist Politik (als Kunst, diesen zur Regierung der Menschen zu benutzen) die ganze praktische Weisheit, und der Rechtsbegriff ein sachleerer Gedanke. Findet man diesen aber doch unumgänglich nöthig, mit der Politik zu verbinden, ja ihn gar zur einschränkenden Bedingung der letztern zu erheben, so muß die Vereinbarkeit beyder eingeräumt werden. Ich kann mir nun zwar einen **moralischen Politiker**, d. i. einen, der die Principien der Staatsklugheit so nimmt, daß sie mit der Moral zusammen bestehen können, aber nicht einen **politischen Moralisten** denken, der sich eine Moral so schmiedet, wie es der Vortheil des Staatsmanns sich zuträglich findet.

Der moralische Politiker wird es sich zum Grundsatz machen: wenn einmal Gebrechen in der Staatsverfassung oder im Staatenverhältnis angetroffen werden, die man nicht hat verhüten können, so sey es Pflicht, vornehmlich für Staatsoberhäupter, dahin bedacht zu seyn, wie sie, sobald wie möglich, gebessert, und dem Naturrecht, so wie es in der Idee der Vernunft uns zum Muster vor Augen steht, angemessen gemacht werden könne; sollte es auch ihrer Selbstsucht Aufopferungen kosten. Da nun die Zerreißung eines Bandes der Staats- oder Weltbürgerlichen Vereinigung, ehe noch eine bessere Verfassung an die Stelle derselben zu treten in Bereitschaft ist, aller, hierin mit der Moral einhelligen, Staatsklugheit zuwider ist, so wäre es zwar ungereimt, zu fordern, jenes Gebrechen müsse sofort und mit Ungestüm abgeändert werden; aber daß wenigstens die Maxime der Nothwendigkeit einer solchen Abänderung dem Machthabenden innigst beywohne, um in beständiger Annäherung zu dem Zwecke (der nach Rechtsgesetzen besten Verfassung) zu bleiben, das kann doch von ihm gefordert werden. Ein Staat kann sich auch schon republikanisch re‑ gieren, wenn er gleich noch, der vorliegenden Constitution nach, despotische Herrschermacht besitzt: bis allmählig das Volk des Einflusses der bloßen Idee der Autorität des Gesetzes (gleich als ob es physische Gewalt besäße) fähig wird, und sonach zur eigenen Gesetzgebung (welche ursprünglich auf Recht gegründet ist) tüchtig befunden wird. Wenn auch durch den Ungestüm einer von der schlechten

Ver‑

Verfassung erzeugten Revolution unrechtmäßigerweise eine gesetzmäßigere errungen wäre, so würde es doch auch alsdann nicht mehr für erlaubt gehalten werden müssen, das Volk wieder auf die alte zurück zu führen, obgleich während derselben jeder, der sich damit gewaltthätig oder arglistig bemengt, mit Recht den Strafen des Aufrührers unterworfen seyn würde. Was aber das äußere Staatenverhältnis betrifft, so kann von einem Staat nicht verlangt werden, daß er seine, obgleich despotische, Verfassung (die aber doch die stärkere in Beziehung auf äußere Feinde ist) ablegen solle, so lange er Gefahr läuft, von andern Staaten sofort verschlungen zu werden; mithin muß bey jenem Vorsatz doch auch die Verzögerung der Ausführung bis zu besserer Zeitgelegenheit erlaubt seyn*).

---

*) Dies sind Erlaubnisgesetze der Vernunft, den Stand eines mit Ungerechtigkeit behafteten öffentlichen Rechts noch so lange beharren zu lassen, bis zur völligen Umwälzung alles entweder von selbst gereift, oder durch friedliche Mittel der Reife nahe gebracht worden; weil doch irgend eine **rechtliche**, obzwar nur in geringem Grade rechtmäßige, Verfassung besser

Es mag also immer seyn: daß die despotisirende (in der Ausübung fehlende) Moralisten wider die Staatsklugheit (durch übereilt genommene oder angepriesene Maaßregeln) mannichfaltig verstoßen, so muß sie doch die Erfahrung, bey diesem ihrem Verstoß wider die Natur, nach und nach in ein besseres Gleis bringen; statt dessen die moralisirende Politiker, durch Beschönigung rechtswidriger Staatsprincipien, unter dem Vorwande einer des Guten, nach der Idee, wie sie die Vernunft vorschreibt, nicht fähigen menschlichen Natur, so viel an ihnen ist, das Besserwerden unmöglich machen, und die Rechtsverletzung verewigen. Statt

besser ist als gar keine, welches letztere Schicksal (der Anarchie) eine übereilte Reform treffen würde. — Die Staatsweisheit wird sich also in dem Zustande, worin die Dinge jetzt sind, Reformen, dem Ideal des öffentlichen Rechts angemessen, zur Pflicht machen: Revolutionen aber, wo sie die Natur von selbst herbey führt, nicht zur Beschönigung einer noch größeren Unterdrückung, sondern als Ruf der Natur benutzen, eine auf Freyheitsprincipien gegründete gesetzliche Verfassung, als die einzige dauerhafte, durch gründliche Reform zu Stande zu bringen.

Statt der Praxis, deren sich diese staats‍klugen Männer rühmen, gehen sie mit **Prakti‍ken** um, indem sie bloß darauf bedacht sind, dadurch, daß sie der jetzt herrschenden Gewalt zum Munde reden (um ihren Privatvortheil nicht zu verfehlen), das Volk, und, wo mög‍lich, die ganze Welt Preis zu geben; nach der Art ächter Juristen (vom Handwerke, nicht von der **Gesetzgebung**), wenn sie sich bis zur Politik versteigen. Denn da dieser ihr Geschäfte nicht ist, über Gesetzgebung selbst zu vernünfteln, sondern die gegenwärtige Gebote des Landrechts zu vollziehen, so muß ihnen jede, jetzt vorhan‍dene, gesetzliche Verfassung, und, wenn diese höhern Orts abgeändert wird, die nun folgende, immer die beste seyn; wo dann alles so in seiner gehörigen mechanischen Ordnung ist. Wenn aber diese Geschicklichkeit, für alle Sättel ge‍recht zu seyn, ihnen den Wahn einflößt, auch über Principien einer **Staatsverfassung** überhaupt nach Rechtsbegriffen (mithin a priori, nicht empirisch) urtheilen zu können: wenn sie darauf groß thun, **Menschen** zu kennen (wel‍ches freylich zu erwarten ist, weil sie mit vielen zu thun haben), ohne doch **den Menschen**,

und

und was aus ihm gemacht werden kann, zu kennen (wozu ein höherer Standpunkt der Anthropologischen Beobachtung erfordert wird), mit diesen Begriffen aber versehen, ans Staats- und Völkerrecht, wie es die Vernunft vorschreibt, gehen: so können sie diesen Ueberschritt nicht anders, als mit dem Geist der Chicane thun, indem sie ihr gewohntes Verfahren (eines Mechanisms nach despotisch gegebenen Zwangsgesetzen) auch da befolgen, wo die Begriffe der Vernunft einen nur nach Freyheitsprincipien gesetzmäßigen Zwang begründet wissen wollen, durch welchen allererst eine zu Recht beständige Staatsverfassung möglich ist; welche Aufgabe der vorgebliche Praktiker, mit Vorbeygehung jener Idee, empirisch, aus Erfahrung, wie die bisher noch am besten bestandene, mehrentheils aber rechtswidrige, Staatsverfassungen eingerichtet waren, lösen zu können glaubt. — Die Maximen, deren er sich hiezu bedient (ob er sie zwar nicht laut werden läßt), laufen ohngefähr auf folgende sophistische Maximen hinaus.

1. Fac et excusa. Ergreife die günstige Gelegenheit zur eigenmächtigen Besitznehmung

(entweder eines Rechts des Staats über sein Volk, oder über ein anderes benachbarte); die Rechtfertigung wird sich weit leichter und zierlicher nach der That vortragen, und die Gewalt beschönigen lassen (vornehmlich im ersten Fall, wo die obere Gewalt im Innern so fort auch die gesetzgebende Obrigkeit ist, der man gehorchen muß, ohne darüber zu vernünfteln); als wenn man zuvor auf überzeugende Gründe sinnen, und die Gegengründe darüber noch erst abwarten wollte. Diese Dreustigkeit selbst giebt einen gewissen Anschein von innerer Ueberzeugung der Rechtmäßigkeit der That, und der Gott bonus euentus ist nachher der beste Rechtsvertreter.

2. Si fecisti nega. Was du selbst verbrochen hast, z. B. um dein Volk zur Verzweiflung, und so zum Aufruhr zu bringen, das läugne ab, daß es deine Schuld sey; sondern behaupte, daß es die der Widerspenstigkeit der Unterthanen, oder auch, bey deiner Bemächtigung eines benachbarten Volks, die Schuld der Natur des Menschen sey, der, wenn er dem Andern nicht mit Gewalt zuvorkommt, sicher

dar-

darauf rechnen kann, daß dieser ihm zuvorkommen und sich seiner bemächtigen werde.

3. Diuide et impera. Das ist: sind gewisse privilegirte Häupter in deinem Volk, welche dich blos zu ihrem Oberhaupt (primus inter pares) gewählt haben, so veruneinige jene unter einander, und entzweye sie mit dem Volk: stehe nun dem letztern, unter Vorspiegelung größerer Freyheit, bey, so wird alles von deinem unbedingten Willen abhängen. Oder sind es äußere Staaten, so ist Erregung der Mishelligkeit unter ihnen ein ziemlich sicheres Mittel, unter dem Schein des Beystandes des Schwächeren, einen nach dem ande‍ dir zu unterwerfen.

Durch diese politische Maximen wird nun zwar niemand hintergangen; denn sie sind insgesammt schon allgemein bekannt; auch ist es mit ihnen nicht der Fall sich zu schämen, als ob die Ungerechtigkeit gar zu offenbar in die Augen leuchtete. Denn, weil sich große Mächte nie vor dem Urtheil des gemeinen Haufens, sondern nur eine vor der andern schämen, was aber jene Grundsätze betrifft, nicht das Offenbarwerden,
son-

sondern nur das Mislingen derselben sie beschämt machen kann (denn in Ansehung der Moralität der Maximen kommen sie alle unter einander überein), so bleibt ihnen immer die politische Ehre übrig, auf die sie sicher rechnen können, nämlich die der Vergrößerung ihrer Macht, auf welchem Wege sie auch erworben seyn mag*).

Aus

---

*) Wenn gleich eine gewisse in der menschlichen Natur gewurzelte Bösartigkeit von Menschen, die in einem Staat zusammen leben, noch bezweifelt, und, statt ihrer, der Mangel einer noch nicht weit genug fortgeschrittenen Cultur (die Rohigkeit) zur Ursache der gesetzwidrigen Erscheinungen ihrer Denkungsart mit einigem Scheine angeführet werden möchte, so fällt sie doch, im äußeren Verhältnis der Staaten gegen einander, ganz unverdeckt und unwidersprechlich in die Augen. Im Innern jedes Staats ist sie durch den Zwang der bürgerlichen Gesetze verschleyert, weil der Neigung zur wechselseitigen Gewaltthätigkeit der Bürger eine größere Gewalt, nämlich die der Regierung, mächtig entgegenwirkt, und so nicht allein dem Ganzen einen moralischen Anstrich (causae non causae) giebt, sondern auch dadurch, daß dem Ausbruch gesetzwidriger Neigungen ein Riegel vorgeschoben wird, die Entwickelung der moralischen Anlage, zur unmittelbaren Achtung fürs Recht,

wirk

* * *

Aus allen diesen Schlangenwendungen einer unmoralischen Klugheitslehre, den Friedenszustand unter Menschen, aus dem kriegerischen des Naturzustandes herauszubringen, erhellet wenig-

wirklich viel Erleichterung bekommt. — Denn ein jeder glaubt nun von sich, daß er wohl den Rechtsbegriff heilig halten und treu befolgen würde, wenn er sich nur von jedem andern eines Gleichen gewärtigen könnte; welches letztere ihm die Regierung zum Theil sichert; wodurch dann ein großer Schritt zur Moralität (obgleich noch nicht moralischer Schritt) gethan wird, diesem Pflichtbegriff auch um sein selbst willen, ohne Rücksicht auf Erwiederung, anhänglich zu seyn. — Da ein jeder aber, bey seiner guten Meynung von sich selber, doch die böse Gesinnung bey allen anderen voraussetzt, so sprechen sie einander wechselseitig ihr Urtheil: daß sie alle, was das Factum betrifft, wenig taugen (woher es komme, da es doch der Natur des Menschen, als eines freyen Wesens, nicht Schuld gegeben werden kann, mag unerörtert bleiben). Da aber doch auch die Achtung für den Rechtsbegriff, deren der Mensch sich schlechterdings nicht entschlagen kann, die Theorie des Vermögens, ihm angemessen zu werden, auf das feyerlichste sanctionirt, so sieht ein jeder, daß er seinerseits jenem gemäß handeln müsse, Andere mögen es halten, wie sie wollen.

wenigstens so viel: daß die Menschen, eben so wenig in ihren Privatverhältnissen, als in ihren öffentlichen, dem Rechtsbegriff entgehen können, und sich nicht getrauen, die Politik öffentlich bloß auf Handgriffe der Klugheit zu gründen, mithin dem Begriffe eines öffentlichen Rechts allen Gehorsam aufzukündigen (welches vornehmlich in dem des Völkerrechts auffallend ist), sondern ihm an sich alle gebührende Ehre wiederfahren lassen, wenn sie auch hundert Ausflüchte und Bemäntelungen aussinnen sollten, um hm in der Praxis auszuweichen, und der verschmitzten Gewalt die Autorität anzudichten, der Ursprung und der Verband alles Rechts zu seyn. — Um dieser Sophisterey (wenn gleich nicht der durch sie beschönigten Ungerechtigkeit) ein Ende zu machen, und die falsche Vertreter der Mächtigen der Erde zum Geständnisse zu bringen, daß es nicht das Recht, sondern die Gewalt sey, der sie zum Vortheil sprechen, von welcher sie, gleich als ob sie selbst hiebey was zu befehlen hätten, den Ton annehmen, wird es gut seyn, das Blendwerk aufzudecken, womit man sich und andere hintergeht, das oberste Princip, von dem die Absicht auf

F den

den ewigen Frieden ausgeht, ausfindig zu machen und zu zeigen: daß alles das Böse, was ihm im Wege ist, davon herrühre: daß der politische Moralist da anfängt, wo der moralische Politiker billigerweise endigt, und, indem er so die Grundsätze dem Zweck unterordnet (d. i. die Pferde hinter den Wagen spannt), seine eigene Absicht vereitelt, die Politik mit der Moral in Einverständnis zu bringen.

Um die praktische Philosophie mit sich selbst einig zu machen, ist nöthig, zuförderst die Frage zu entscheiden: ob in Aufgaben der praktischen Vernunft vom *materialen* Prinzip derselben, dem Zweck (als Gegenstand der Willkühr) der Anfang gemacht werden müsse, oder vom *formalen*, d. i. demjenigen (bloß auf Freyheit im äußern Verhältnis gestellten), darnach es heißt: handle so, daß du wollen kannst, deine Maxime solle ein allgemeines Gesetz werden (der Zweck mag seyn welcher er wolle).

Ohne alle Zweifel muß das letztere Princip vorangehen; denn es hat, als Rechtsprincip, unbedingte Nothwendigkeit, statt dessen das erstere, nur unter Voraussetzung empirischer Bedindingungen des vorgesetzten Zwecks, nämlich der Ausführung desselben, nöthigend ist, und, wenn dieser Zweck (z. B. der ewige Friede) auch Pflicht wäre, so müßte doch diese selbst aus dem formalen Princip der Maximen äußerlich zu handeln abgeleitet worden seyn. — Nun ist das erstere Princip, das des **politischen Moralisten** (das Problem des Staats-, Völker- und Weltbürgerrechts), eine bloße **Kunstaufgabe** (problema technicum), das zweyte dagegen, als Princip des **moralischen Politikers**, welchem es eine **sittliche Aufgabe** (problema morale) ist, im Verfahren von dem anderen himmelweit unterschieden, um den ewigen Frieden, den man nun nicht bloß als physisches Gut, sondern auch als einen aus Pflichtanerkennung hervorgehenden Zustand wünscht, herbeyzuführen.

Zur Auflösung des ersten, nämlich des Staats-Klugheitsproblems, wird viel Kenntnis der Natur erfordert, um ihren Mechanism zu dem gedachten Zweck zu benutzen, und doch ist alle diese ungewis in Ansehung ihres Resultats, den ewigen Frieden betreffend; man mag nun die eine oder die andere der drey Abtheilun-

gen des öffentlichen Rechts nehmen. Ob das Volk im Gehorsam und zugleich im Flor besser durch Strenge, oder Lockspeise der Eitelkeit, ob durch Obergewalt eines Einzigen, oder durch Vereinigung mehrerer Häupter, vielleicht auch bloß durch einen Dienstadel, oder durch Volksgewalt, im Innern, und zwar auf lange Zeit, gehalten werden könne, ist ungewis. Man hat von allen Regierungsarten (die einzige ächtrepublikanische, die aber nur einem moralischen Politiker in den Sinn kommen kann, ausgenommen) Beyspiele des Gegentheils in der Geschichte. — Noch ungewisser ist ein auf Statute nach Ministerialplanen vorgeblich errichtetes Völkerrecht, welches in der That nur ein Wort ohne Sache ist, und auf Verträgen beruht, die in demselben Akt ihrer Beschließung zugleich den geheimen Vorbehalt ihrer Uebertretung enthalten. — Dagegen dringt sich die Auflösung des zweyten, nämlich des **Staatsweisheitsproblems**, so zu sagen, von selbst auf, ist jedermann einleuchtend, und macht alle Künsteley zu Schanden, führt dabey gerade zum Zweck; doch mit der Erinnerung der Klugheit, ihn nicht übereilterweise mit Gewalt

walt herbey zu ziehen, sondern sich ihm, nach Beschaffenheit der günstigen Umstände, unabläßig zu nähern.

Da heißt es denn: "trachtet allererst nach dem Reiche der reinen praktischen Vernunft und nach seiner Gerechtigkeit, so wird euch euer Zweck (die Wohlthat des ewigen Friedens) von selbst zufallen." Denn das hat die Moral Eigenthümliches an sich, und zwar in Ansehung ihrer Grundsätze des öffentlichen Rechts, (mithin in Beziehung auf eine a priori erkennbare Politik), daß, je weniger sie das Verhalten von dem vorgesetzten Zweck, dem beabsichtigten, es sey physischem oder sittlichem Vortheil, abhängig macht, desto mehr sie dennoch zu diesem im Allgemeinen zusammenstimmt; welches daher kömmt, weil es gerade der a priori gegebene allgemeine Wille (in einem Volk, oder im Verhältnis verschiedener Völker unter einander) ist, der allein, was unter Menschen Rechtens ist, bestimmt; diese Vereinigung des Willens Aller aber, wenn nur in der Ausübung consequent verfahren wird, auch nach dem Mechanism der Natur, zugleich die Ursache seyn kann, die abgezweckte Wirkung hervorzubringen, und dem

Rechtsbegriffe Effekt zu verschaffen. — So ist es z. B. ein Grundsatz der moralischen Politik: daß sich ein Volk zu einem Staat nach den alleinigen Rechtsbegriffen der Freyheit und Gleichheit vereinigen solle, und dieses Princip ist nicht auf Klugheit, sondern auf Pflicht gegründet. Nun mögen dagegen politische Moralisten noch so viel über den Naturmechanism einer in Gesellschaft tretenden Menschenmenge, welcher jene Grundsätze entkräftete, und ihre Absicht vereiteln werde, vernünfteln, oder auch durch Beyspiele schlecht organisirter Verfassungen alter und neuer Zeiten (z. B. von Demokratien ohne Repräsentationssystem) ihre Behauptung dagegen zu beweisen suchen, so verdienen sie kein Gehör; vornehmlich, da eine solche verderbliche Theorie das Uebel wohl gar selbst bewirkt, was sie vorhersagt, nach welcher der Mensch mit den übrigen lebenden Maschinen in eine Classe geworfen wird, denen nur noch das Bewußtseyn, daß sie nicht freye Wesen sind, beywohnen dürfte, um sie in ihrem eigenen Urtheil zu den elendesten unter allen Weltwesen zu machen.

Der

Der zwar etwas renomistisch klingende, sprüchwörtlich in Umlauf gekommene, aber wahre Satz: fiat iustitia, pereat mundus, das heißt zu deutsch: „es herrsche Gerechtigkeit, die Schelme in der Welt mögen auch insgesammt darüber zu Grunde gehen," ist ein wackerer, alle durch Arglist oder Gewalt vorgezeichnete krumme Wege abschneidender Rechtsgrundsatz; nur daß er nicht misverstanden, und etwa als Erlaubnis, sein eigenes Recht mit der größten Strenge zu benutzen (welches der ethischen Pflicht widerstreiten würde), sondern als Verbindlichkeit der Machthabenden, niemanden sein Recht aus Ungunst oder Mitleiden gegen Andere zu weigern oder zu schmälern, verstanden wird; wozu vorzüglich eine nach reinen Rechtsprincipien eingerichtete innere Verfassung des Staats, dann aber auch die der Vereinigung desselben mit andern benachbarten oder auch entfernten Staaten zu einer (einem allgemeinen Staat analogischen) gesetzlichen Ausgleichung ihrer Streitigkeiten erfordert wird. — Dieser Satz will nichts anders sagen, als: die politische Maximen müssen nicht von der, aus ihrer Befolgung zu erwartenden, Wohlfahrt und Glückseligkeit eines jeden Staats, also nicht vom Zweck, den sich ein jeder derselben zum Gegenstande macht (vom Wollen), als dem obersten (aber empirischen) Princip der Staatsweisheit, sondern von dem reinen Begriff der Rechtspflicht (vom Sollen, dessen Princip a priori durch reine Vernunft gegeben ist) ausgehen, die physische Folgen daraus mögen auch seyn, welche sie wollen. Die Welt wird keinesweges dadurch untergehen, daß der bösen Menschen weniger wird. Das moralisch Böse hat die von seiner Natur unabtrennliche Eigenschaft, daß es in seinen Absichten (vornehmlich in Verhältnis gegen andere Gleichgesinnete) sich selbst zuwider und zerstöhrend ist, und so dem (moralischen) Princip des Guten, wenn gleich durch langsame Fortschritte, Platz macht.

* * *

Es giebt also **objectiv** (in der Theorie) gar keinen Streit zwischen der Moral und der Politik. Dagegen **subjectiv** (in dem selbstsüchtigen Hange der Menschen, der aber, weil er nicht auf Vernunftmaximen gegründet ist, noch nicht Praxis genannt werden muß), wird und

und mag er immer bleiben, weil er zum Wetz-
stein der Tugend dient, deren wahrer Muth
(nach dem Grundsatze: tu ne cede malis, sed
contra audentior ito) in gegenwärtigem Falle
nicht sowohl darin besteht, den Uebeln und
Aufopferungen mit festem Vorsatz sich entgegen-
zusetzen, welche hiebey übernommen werden
müssen, sondern dem weit gefährlicheren lügen-
haften und verrätherischen, aber doch vernün-
ftelnden, die Schwäche der menschlichen Natur
zur Rechtfertigung aller Uebertretung vorspie-
gelnden bösen Princip in uns selbst, in die Augen zu sehen und seine Arglist zu besiegen.

In der That kann der politische Moralist
sagen: Regent und Volk, oder Volk und Volk
thun einander nicht Unrecht, wenn sie einander gewaltthätig oder hinterlistig befehden,
ob sie zwar überhaupt darin Unrecht thun, daß
sie dem Rechtsbegriffe, der allein den Frieden
auf ewig begründen könnte, alle Achtung ver-
sagen. Denn weil der eine seine Pflicht gegen
den andern übertritt, der gerade eben so rechts-
widrig gegen jenen gesinnt ist, so geschieht
ihnen beyderseits ganz recht, wenn sie sich

unter

unter einander aufreiben, doch so, daß von dieser Race immer noch genug übrig bleibt, um dieses Spiel bis zu den entferntesten Zeiten nicht aufhören zu lassen, damit eine späte Nachkommenschaft an ihnen dereinst ein warnendes Beyspiel nehme. Die Vorsehung im Laufe der Welt ist hiebey gerechtfertigt; denn das moralische Princip im Menschen erlöscht nie, die, pragmatisch, zur Ausführung der rechtlichen Ideen nach jenem Princip tüchtige Vernunft wächst noch dazu beständig durch immer fortschreitende Cultur, mit ihr aber auch die Schuld jener Uebertretungen. Die Schöpfung allein: daß nämlich ein solcher Schlag von verderbten Wesen überhaupt hat auf Erden seyn sollen, scheint durch keine Theodicee gerechtfertigt werden zu können (wenn wir annehmen, daß es mit dem Menschengeschlechte nie besser bestellt seyn werde noch könne); aber dieser Standpunkt der Beurtheilung ist für uns viel zu hoch, als daß wir unsere Begriffe (von Weisheit) der obersten uns unerforschlichen Macht in theoretischer Absicht unterlegen könnten. — Zu solchen verzweifelten Folgerungen werden wir unvermeidlich hingetrieben, wenn wir nicht annehmen, die reine

Rechts-

Rechtsprincipien haben objective Realität, d. i. sie lassen sich ausführen; und darnach müsse auch von Seiten des Volks im Staate, und weiterhin von Seiten der Staaten gegen einander, gehandelt werden; die empirische Politik mag auch dagegen einwenden, was sie wolle. Die wahre Politik kann also keinen Schritt thun, ohne vorher der Moral gehuldigt zu haben, und ob zwar Politik für sich selbst eine schwere Kunst ist, so ist doch Vereinigung derselben mit der Moral gar keine Kunst; denn diese haut den Knoten entzwey, den jene nicht aufzulösen vermag, sobald beyde einander widerstreiten. — Das Recht dem Menschen muß heilig gehalten werden, der herrschenden Gewalt mag es auch noch so große Aufopferung kosten. Man kann hier nicht halbiren, und das Mittelding eines pragmatisch-bedingten Rechts (zwischen Recht und Nutzen) aussinnen, sondern alle Politik muß ihre Kniee vor dem erstern beugen, kann aber dafür hoffen, ob zwar langsam, zu der Stufe zu gelangen, wo sie beharrlich glänzen wird.

———

H.

II.

Von der Einhelligkeit der Politik mit der Moral nach dem transscendentalen Begriffe des öffentlichen Rechts.

Wenn ich von aller Materie des öffentlichen Rechts (nach den verschiedenen empirisch-gegebenen Verhältnissen der Menschen im Staat oder auch der Staaten unter einander), so wie es sich die Rechtslehrer gewöhnlich denken, abstrahire, so bleibt mir noch die Form der Publicität übrig, deren Möglichkeit ein jeder Rechtsanspruch in sich enthält, weil ohne jene es keine Gerechtigkeit (die nur als öffentlich kundbar gedacht werden kann), mithin auch kein Recht, das nur von ihr ertheilt wird, geben würde.

Diese Fähigkeit der Publicität muß jeder Rechtsanspruch haben, und sie kann also, da es sich ganz leicht beurtheilen läßt, ob sie in einem vorkommenden Falle statt finde, d. i. ob sie sich mit den Grundsätzen des Handelnden vereinigen lasse oder nicht, ein leicht zu brauchendes,

chendes, a priori in der Vernunft anzutreffendes Criterium abgeben, im letzteren Fall die Falschheit (Rechtswidrigkeit) des gedachten Anspruchs (praetensio iuris), gleichsam durch ein Experiment der reinen Vernunft, so fort zu erkennen.

Nach einer solchen Abstraction von allem Empirischen, was der Begriff des Staats- und Völkerrechts enthält (dergleichen das Bösartige der menschlichen Natur ist, welches den Zwang nothwendig macht), kann man folgenden Satz die **transscendentale Formel des öffentlichen Rechts** nennen:

„Alle auf das Recht anderer Menschen bezogene Handlungen, deren Maxime sich nicht mit der Publicität verträgt, sind unrecht."

Dieses Princip ist nicht bloß als **ethisch** (zur Tugendlehre gehörig), sondern auch als **juridisch** (das Recht der Menschen angehend) zu betrachten. Denn eine Maxime, die ich nicht darf **laut werden lassen**, ohne dadurch meine eigene Absicht zugleich zu vereiteln, die durchaus **verheimlicht** werden muß, wenn sie gelingen soll, und zu der ich mich nicht öffent-

öffentlich bekennen kann, ohne daß dadurch unausbleiblich der Widerstand Aller gegen meinen Vorsatz gereizt werde, kann diese nothwendige und allgemeine, mithin a priori einzusehende, Gegenbearbeitung Aller gegen mich nirgend wovon anders, als von der Ungerechtigkeit her haben, womit sie jedermann bedroht. — Es ist ferner bloß negativ, d. i. es dient nur, um, vermittelst desselben, was gegen Andere nicht recht ist, zu erkennen. — Es ist gleich einem Axiom unerweislich-gewiß und überdem leicht anzuwenden, wie aus folgenden Beyspielen des öffentlichen Rechts zu ersehen ist.

1. Was das Staatsrecht (ius ciuitatis), nämlich das innere betrifft: so kommt in ihm die Frage vor, welche Viele für schwer zu beantworten halten, und die das transscendentale Princip der Publicität ganz leicht auflöset: „ist Aufruhr ein rechtmäßiges Mittel für ein Volk, die drückende Gewalt eines so genannten Tyrannen (non titulo sed exercitio talis) abzuwerfen?" Die Rechte des Volks sind gekränkt, und ihm (dem Tyrannen) geschieht kein Unrecht durch die Entthronung; daran ist kein Zweifel.

Nichts

Nichts desto weniger ist es doch von den Unterthanen im höchsten Grade unrecht, auf diese Art ihr Recht zu suchen, und sie können eben so wenig über Ungerechtigkeit klagen, wenn sie in diesem Streit unterlägen und nachher deshalb die härteste Strafe ausstehen müßten.

Hier kann nun Vieles für und dawider vernünftelt werden, wenn man es durch eine dogmatische Deduction der Rechtsgründe ausmachen will; allein das transscendentale Princip der Publicität des öffentlichen Rechts kann sich diese Weitläuftigkeit erspahren. Nach demselben frägt sich vor Errichtung des bürgerlichen Vertrags das Volk selbst, ob es sich wohl getraue, die Maxime des Vorsatzes einer gelegentlichen Empörung öffentlich bekannt zu machen. Man sieht leicht ein, daß, wenn man es bey der Stiftung einer Staatsverfassung zur Bedingung machen wollte, in gewissen vorkommenden Fällen gegen das Oberhaupt Gewalt auszuüben, so müßte das Volk sich einer rechtmäßigen Macht über jenes anmaßen. Alsdann wäre jenes aber nicht das Oberhaupt, oder, wenn beydes zur Bedingung der Staatserrichtung gemacht würde, so würde gar keine möglich seyn, welches doch

doch die Absicht des Volks war. Das Unrecht des Aufruhrs leuchtet also dadurch ein, daß die Maxime desselben dadurch, daß man sich öffentlich dazu bekennte, seine eigene Absicht unmöglich machen würde. Man müßte sie also nothwendig verheimlichen. — Das letztere wäre aber von Seiten des Staatsoberhaupts eben nicht nothwendig. Er kann frey heraus sagen, daß er jeden Aufruhr mit dem Tode der Rädelsführer bestrafen werde, diese mögen auch immer glauben, er habe seinerseits das Fundamentalgesetz zuerst übertreten; denn wenn er sich bewußt ist, die unwiderstehliche Obergewalt zu besitzen (welches auch in jeder bürgerlichen Verfassung so angenommen werden muß, weil der, welcher nicht Macht genug hat, einen jeden im Volk gegen den andern zu schützen, auch nicht das Recht hat, ihm zu befehlen), so darf er nicht sorgen, durch die Bekanntwerdung seiner Maxime seine eigene Absicht zu vereiteln, womit auch ganz wohl zusammenhängt, daß, wenn der Aufruhr dem Volk gelänge, jenes Oberhaupt in die Stelle des Unterthans zurücktreten, eben sowohl keinen Wiedererlangungsaufruhr beginnen, aber auch nicht zu befürchten

ten haben müßte, wegen seiner vormaligen Staats-
führung zur Rechenschaft gezogen zu werden.

2. **Was das Völkerrecht betrifft.** —
Nur unter Voraussetzung irgend eines rechtlichen Zustandes (d. i. derjenigen äußeren Bedingung, unter der dem Menschen ein Recht wirklich zu Theil werden kann), kann von einem Völkerrecht die Rede seyn; weil es, als ein öffentliches Recht, die Publication eines, jedem das
Seine bestimmenden, allgemeinen Willens schon
in seinem Begriffe enthält, und dieser status
iuridicus muß aus irgend einem Vertrage her-
vorgehen, der nicht eben (gleich dem, woraus
ein Staat entspringt,) auf Zwangsgesetze gegründet seyn darf, sondern allenfalls auch der einer
fortwährend-freyen Association seyn kann,
wie der oben erwähnte der Föderalität verschiedener Staaten. Denn ohne irgend einen **rechtlichen Zustand**, der die verschiedene (physische
oder moralische) Personen thätig verknüpft,
mithin im Naturstande, kann es kein anderes als
bloß ein Privatrecht geben. — Hier tritt nun
auch ein Streit der Politik mit der Moral (diese
als Rechtslehre betrachtet) ein, wo dann jenes
Criterium der Publicität der Maximen gleichfalls

falls seine leichte Anwendung findet, doch nur
so: daß der Vertrag die Staaten nur in der Absicht verbindet, unter einander und zusammen
gegen andere Staaten sich im Frieden zu erhalten, keinesweges aber um Erwerbungen zu machen. — Da treten nun folgende Fälle der An-
tinomie zwischen Politik und Moral ein, womit
zugleich die Lösung derselben verbunden wird.

a) „Wenn einer dieser Staaten dem andern
etwas versprochen hat: es sey Hülfleistung, oder
Abtretung gewisser Länder, oder Subsidien u.
d. gl., frägt sich, ob er sich in einem Fall, an
dem des Staats Heil hängt, vom Worthalten
dadurch los machen kann, daß er sich in einer
doppelten Person betrachtet wissen will, erstlich
als Souverän, da er Niemanden in seinem
Staat verantwortlich ist; dann aber wiederum
bloß als oberster Staatsbeamte, der dem
Staat Rechenschaft geben müsse: da denn der
Schluß dahin ausfällt, daß, wozu er sich in
der ersteren Qualität verbindlich gemacht hat, davon werde er in der zweyten losgesprochen." —
Wenn nun aber ein Staat (oder dessen Oberhaupt) diese seine Maxime laut werden ließe, so
würde natürlicherweise entweder ein jeder Andere

re ihn fliehen, oder sich mit Anderen vereinigen, um seinen Anmaßungen zu widerstehen, welches beweiset, daß Politik mit aller ihrer Schlauigkeit auf diesen Fuß (der Offenheit) ihren Zweck selber vereiteln, mithin jene Maxime unrecht seyn müsse.

b) „Wenn eine bis zur furchtbaren Größe (potentia tremenda) angewachsene benachbarte Macht Besorgnis erregt: kann man annehmen, sie werde, weil sie **kann**, auch unterdrücken **wollen**, und giebt das der Mindermächtigen ein Recht zum (vereinigten) Angriffe derselben, auch ohne vorhergegangene Beleidigung?" — Ein Staat, der seine Maxime hier bejahend **verlautbaren** wollte, würde das Uebel nur noch gewisser und schneller herbeyführen. Denn die größere Macht würde der kleineren zuvorkommen, und, was die Vereinigung der letzteren betrifft, so ist das nur ein schwacher Rohrstab gegen den, der das divide et impera zu benutzen weiß. — Diese Maxime der Staatsklugheit, öffentlich erklärt, vereitelt also nothwendig ihre eigene Absicht, und ist folglich ungerecht.

c) „Wenn ein kleinerer Staat durch seine Lage den Zusammenhang eines größeren trennt, der diesem doch zu seiner Erhaltung nöthig ist, ist dieser nicht berechtigt, jenen sich zu unterwerfen und mit dem seinigen zu vereinigen? — Man sieht leicht, daß der größere eine solche Maxime ja nicht vorher müsse laut werden lassen; denn, entweder die kleinern Staaten würden sich frühzeitig vereinigen, oder andere Mächtige würden um diese Beute streiten, mithin macht sie sich durch ihre Offenheit selbst unthunlich; ein Zeichen, daß sie ungerecht ist und es auch in sehr hohem Grade seyn kann; denn ein klein Object der Ungerechtigkeit hindert nicht, daß die daran bewiesene Ungerechtigkeit sehr groß sey.

3. **Was das Weltbürgerrecht betrifft**, so übergehe ich es hier mit Stillschweigen; weil, wegen der Analogie desselben mit dem Völkerrecht, die Maximen desselben leicht anzugeben und zu würdigen sind.

* * *

Man hat hier nun zwar an dem Princip der Unverträglichkeit der Maximen des Völkerrechts mit der Publicität, ein gutes Kennzeichen der **Nichtübereinstimmung der Politik mit der Moral** (als Rechtslehre). Nun bedarf man

aber

aber auch belehrt zu werden, welches denn die Bedingung ist, unter der ihre Maximen mit dem Recht der Völker übereinstimmen? Denn es läßt sich nicht umgekehrt schließen: daß, welche Maximen die Publicität vertragen, dieselbe darum auch gerecht sind; weil, wer die entschiedene Obermacht hat, seiner Maximen nicht hehl haben darf. — Die Bedingung der Möglichkeit eines Völkerrechts überhaupt ist: daß zuvörderst ein rechtlicher Zustand existire. Denn ohne diesen giebts kein öffentliches Recht, sondern alles Recht, was man sich außer demselben denken mag (im Naturzustande), ist bloß Privatrecht. Nun haben wir oben gesehen: daß ein föderativer Zustand der Staaten, welcher bloß die Entfernung des Krieges zur Absicht hat, der einzige, mit der Freyheit derselben vereinbare, rechtliche Zustand sey. Also ist die Zusammenstimmung der Politik mit der Moral nur in einem föderativen Verein (der also nach Rechtsprincipien a priori gegeben und nothwendig ist) möglich, und alle Staatsklugheit hat zur rechtlichen Basis die Stiftung des ersteren, in ihrem größt-möglichen Umfange, ohne welchen Zweck alle ihre Klügeley Unweisheit und verschleyerte Ungerechtigkeit ist. — Diese Afterpolitik hat nun ihre Casuistik, trotz der besten Jesuiterschule — die reservatio mentalis; in Abfassung öffentlicher Verträge, mit solchen Ausdrücken, die man gelegentlich zu seinem Vortheil auslegen kann, wie man will (z. B den Unterschied des status quo de fait und de droit); — den Probabilismus böse Absichten an Anderen zu erklügeln, oder auch Wahrscheinlichkeiten ihres möglichen Uebergewichts zum Rechtsgrunde der Untergrabung anderer friedlicher Staaten zu machen; — Endlich das peccatum philosophicum (peccatillum, baggatelle). Das Verschlingen eines kleinen Staats, wenn dadurch ein viel größerer, zum vermeyntlich größern Weltbesten, gewinnt, für eine leicht-verzeihliche Kleinigkeit zu halten *).

Den Vorschub hiezu giebt die Zweyzüngigkeit der Politik in Ansehung der Moral, einen oder den andern Zweig derselben zu ihrer Absicht zu benutzen. — Beydes, die Menschenliebe und die Achtung fürs Recht der Menschen, ist Pflicht; jene aber nur **bedingte**, diese dagegen **unbedingte**, schlechthin gebietende Pflicht, welche nicht übertreten zu haben derjenige

---

*) Die Belege zu solchen Maximen kann man in des Herrn Hofr. Garve Abhandlung: „über die Verbindung der Moral mit der Politik, 1788," antreffen. Dieser würdige Gelehrte gesteht gleich zu Anfange, eine genugthuende Antwort auf diese Frage nicht geben zu können. Aber sie dennoch gut zu heißen, ob zwar mit dem Geständnis, die dagegen sich regende Einwürfe nicht völlig heben zu können, scheint doch eine größere Nachgiebigkeit gegen die zu seyn, die sehr geneigt sind, sie zu misbrauchen, als wohl rathsam seyn möchte, einzuräumen.

nige zuerst völlig versichert seyn muß, der sich dem süßen Gefühl des Wohlthuns überlassen will. Mit der Moral im ersteren Sinne (als Ethik) ist die Politik leicht einverstanden, um das Recht der Menschen ihren Oberen Preis zu geben: Aber mit der in der zweyten Bedeutung (als Rechtslehre), vor der sie ihre Kniee beugen müßte, findet sie es rathsam, sich gar nicht auf Vertrag einzulassen, ihr lieber alle Realität abzustreiten, und alle Pflichten auf lauter Wohlwollen auszudeuten; welche Hinterlist einer lichtscheuen Politik doch von der Philosophie durch die Publicität jener ihrer Maximen leicht vereitelt werden würde, wenn jene es nur wagen wollte, dem Philosophen die Publicität der seinigen angedeihen zu lassen.

In dieser Absicht schlage ich ein anderes transscendentales und bejahendes Princip des öffentlichen Rechts vor, dessen Formel diese seyn würde:

„Alle Maximen, die der Publicität bedürfen (um ihren Zweck nicht zu verfehlen), stimmen mit Recht und Politik vereinigt zusammen."

Denn, wenn sie nur durch die Publicität ihren Zweck erreichen können, so müssen sie dem allgemeinen Zweck des Publicums (der Glückseligkeit) gemäs seyn, womit zusammen zu stimmen (es mit seinem Zustande zufrieden zu machen), die eigentliche Aufgabe der Politik ist. Wenn aber dieser Zweck nur durch die Publicität,

cität, d. i. durch die Entfernung alles Mistrauens gegen die Maximen derselben, erreichbar seyn soll, so müssen diese auch mit dem Recht des Publicums in Eintracht stehen; denn in diesem Allein ist die Vereinigung der Zwecke Aller möglich. —— Die weitere Ausführung und Erörterung dieses Princips muß ich für eine andere Gelegenheit aussetzen; nur daß es eine transscendentale Formel sey, ist aus der Entfernung aller empirischen Bedingungen (der Glückseligkeitslehre), als der Materie des Gesetzes und der bloßen Rücksicht auf die Form der allgemeinen Gesetzmäßigkeit zu ersehen.

* * *

Wenn es Pflicht, wenn zugleich gegründete Hofnung da ist, den Zustand eines öffentlichen Rechts, obgleich nur in einer ins Unendliche fortschreitenden Annäherung wirklich zu machen, so ist der ewige Friede, der auf die bisher fälschlich so genannte Friedensschlüsse (eigentlich Waffenstillstände) folgt, keine leere Idee, sondern eine Aufgabe, die nach und nach aufgelöst, ihrem Ziele (weil die Zeiten, in denen gleiche Fortschritte geschehen, hoffentlich immer kürzer werden) beständig näher kommt.

Verbesserungen
zum ewigen Frieden.

Seite 9 fällt die Note weg.
— 20 unten und Seite 21 oben muß gesetzt werden: „Also würde die Erklärung so lauten: Freyheit ist die Möglichkeit der Handlungen, dadurch man keinem Unrecht thut ꝛc.
— 32 Z. 16 del. sehr
— 45 Z. 6 der Note del. die
— 51 Z. 1 der Note statt vergebliches lies vorgebliches
— 59 Z. 11 del. aber
— 62 Z. 18 del. doch